놀이의 달인,
호모 루덴스

놀이의 달인, 호모 루덴스

발행일 초판1쇄 2007년 5월 15일   초판12쇄 2019년 11월 1일
지은이 한경애 | **펴낸이** 유재건 | **펴낸곳** (주)그린비출판사
주소 서울시 마포구 와우산로 180, 4층 | **전화** 02-702-2717 | **팩스** 02-703-0272 | **이메일** editor@greenbee.co.kr
등록번호 105-87-33826호
ISBN 978-89-7682-802-6 44300   978-89-7682-800-2(세트)

Copyright © 2007 한경애
저작권자와의 협의에 따라 인지는 생략했습니다.
이 책은 지은이와 (주)그린비출판사의 독점계약에 의해 출간되었으므로 무단전재와 무단복제를 금합니다.
책값은 뒤표지에 있습니다. 잘못 만들어진 책은 구입처에서 바꿔 드립니다.

철학이 있는 삶 **그린비출판사** www.greenbee.co.kr

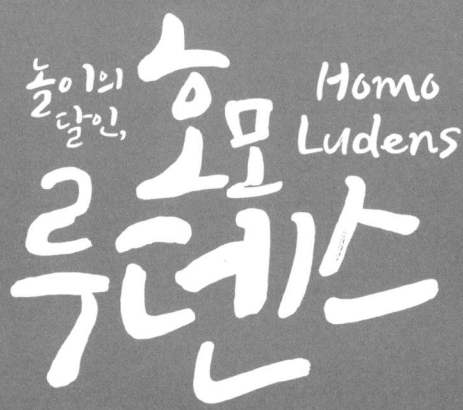

놀이의 달인, 호모 루덴스

Homo Ludens

한경애 지음

그린비

| 이 책을 읽기 전에 |

1 본문에 나오는 사람들에 대해서는 맨 뒤의 '인물 찾아보기'를 참조하세요.

2 사람 이름, 지역 이름, 작품 제목 등은 〈국립국어원〉에서 2002년에 펴낸 '외래어 표기법'에 따라 표기했습니다. 다만 통상 널리 쓰이고 있는 표기는 그대로 따랐으며, 이미 출간된 책이나 발표된 글의 경우에도 그 제목 표기를 그대로 따랐습니다.

3 책·전집·신문·잡지·음반 제목 등에는 겹낫표(『 』)를 사용했으며, 미술 작품·사진·단편·논문·영화·노래 제목 등에는 낫표(「 」)를 사용했습니다.

책머리에

내가 초등학교에 다니던 시절에 학교는 아직 '국민학교'라고 불리고 있었다. 교문 앞에 서면 모두들 '국기에 대한 경례'를 했고, 운동회 전엔 며칠씩이나 땡볕에서 매스게임 연습을 했다. 두말할 것도 없이 끔찍하기 짝이 없는 일이었다. 대체 무슨 이유로 모든 아이들이 똑같은 옷을 입고 일사불란하게 움직이지 않으면 안 되는 것인지 도무지 이해할 수 없었다(물론, 단지 게을렀던 것뿐이라고 해도 좋다). 중학교 때의 일은 운 좋게도 교복이 폐지된 시기였다는 것 말고는 거의 기억나지 않는다.

다들 비슷하겠지만, 머리가 좀 굵어진 고등학교 때에야 비로소 '학교 시스템'이라든가 '교육 체제' 따위에 비판적인(혹은 반항적인) 자의식을 갖기 시작했다. 그런 식의 자의식이란 저절로 드러나기 마련이어서 담임 선생님과는 사이가 좋지 않았고, 학생부 선생님들과는 사사건건 부딪쳤으며(라고 말하지만 사실은 사사건건 깨졌고), 수업 시간은 암울했다. 지겨운 교복, 지겨운 단발, 지겨운 이름표와 실내화, 지겨운 애국조회와 지겨운…… 지겨운 일상. 오직 그 시간이 빨리 지나가기만 바랐다. 학교만 졸업하면 모든 게 달라질 것 같았으니까.

그러나 학교를 졸업한다고 해서 나의 세상이 바뀌는 건 아니다. 학교는 언제나 지겨움의 절대 상징이지만, 그 지겨움은 학교만의 것이 아니라 우리의 삶을 비슷비슷하게 만들려 하는 세계 전체의 것이니 말이다. 매 시기마다 누구나 거쳐야 하는 진학과 취직과 결혼. 아이를 낳아 키우고, 집을 사고, 재테크를 하고, 노후 대책을 마련하기. 이렇게 사는 건 다 비슷비슷하니 좀더 많이 갖고 승리하라고 주문한다. 같은 방향을 향해 줄을 서는 애국조회나 일사불란하게 움직여야 하는 매스게임은 세상이 우리에게 요구하는 삶의 축소판에 불과했던 것이다.

때로 얌전한 범생이가 되고 싶지 않은, 혹은 될 수 없는 아이들은 학교 밖으로 뛰쳐나가거나 거리의 규칙을 학교 안으로 불러온다. 그러나 가장 센 놈이 짱을 먹고 나머지는 한 줄로 서는 규칙, 후배가 선배에게 절대 복종하고 아래에서 위로 상납하는 거리의 규칙이 성적으로 우리를 줄 세우는 학교의 규칙과 뭐가 그리 다를까. 학교의 규칙을 거부한 것만으로 아이들은 '놀고 있다'는 착각을 하지만, '학교'와 '거리'란 애초에 이 지겨운 세상이 만들어놓은 단순한 구분에 불과하다. 자진해서 또 다른 규칙에 복종하고 조폭을 흉내 내면서 우리들은 다시 이 견고하고 지루한 세상을 닮아간다.

그렇다면 출구는 없는 걸까? 그렇지 않다. 학교를 졸업하거나 거리의 규칙을 흉내 내는 것으론 결코 세상을 바꾸지 못하지만, 변화는 언제나, 어디에서나, 심지어 학교 안에서도 가능하다. 어떻게 가능하냐고? 놀기 시작하면 된다. 우리 모두를 붕어빵처럼 똑같이 찍어내려는 이 지겨운 세상을 바꾸는 놀이를 하는 것이다. 우리가 즐겁게 놀기 시작할 때, 비로소 세상은 변하기 시작한다. 놀이는 학교와 거리를 나누고 우리를 줄 세우는 뻔한 시선에서 벗어나 새로운 길을 찾는 것이며, 구획된 길 사이의 경계를 흩어버리는 경쾌한 발걸음이기 때문이다.

이상한 일이지만, 학교를 그렇게 싫어했던 나는 방과 후에 가장 늦게까지 학교에 남아 있는 아이였으며, 심지어 일요일에도 학교에 가곤 했다. 친구들과 놀기 위해서였다. 놀고 있을 때 그곳은 더 이상 학교가 아니었다. 한밤중, 문이 잠긴 깜깜한 강당으로 몰래 들어가 친구들과 노래를 부를 때, 차가운 강당은 작은 콘서트장으로 변신했고 교가와 애국가만 연주하던 바보 피아노는 친구의 손 끝에서 비로소 근사한 악기가 되었다. 일요일, 선생님도 시간표도 없는 텅 빈 교실에서 우리들은 책을 읽고, 수다를 떨고, 음악을 듣고, 잡지를 만들고, 공부를 했다. 친구들과 놀고 있는 동안은 언제나 자유로움으로 충만했다.

그런 놀이들은 평일 낮의 딱딱한 시간표에서도 조금씩 작동하기 시작했다. 놀이는 언제나 더 잘 노는 법을 가르쳐주었던 것이다. 지겨운 수업 시간을 즐기고 내 것으로 만드는 놀이, 틈새를 공략하고 완고하게 규정된 것들을 재배치하는 놀이는 싸움일 수도, 축제일 수도 있다. 학교가 지정해준 교실과 전시대를 버리고 우리 멋대로 기획해서 열었던 축제의 시화전과 공연은 물론이고, 재단 비리와 관련된 사건으로 수업을 거부하고 우르르 운동장으로 쏟아져 나와 바락바락 노래를 부르고 운동장에 눕던 그 순간들을 우리는 진심으로 즐기고 있었다. 나의 세계를 조금씩 변화시킨 건 어떤 변화도 가져오지 못한 졸업이 아니라 친구들과 노는 바로 그 순간들이었음을 깨달은 건 물론 훨씬 나중이지만…….

놀이는 하나의 가치관으로 우리를 줄 세우는 지루한 세계를 바꾸는 것, 반복되는 시간표로 배치된 이 단조로운 일상에서 다른 시간을 만드는 것, 그렇게 나와 친구와 세계를 변신시키는 힘이라고 나는 믿는다. 그러나 불행히도 잘 노는 건 점점 더 어려운 일이 되고 있다. 노래방조차 없던 시절, 우리들은 즐겁기 위해서 필사적으로 뭔가를 도모해볼 수밖에 없었다. 하지만 지금은 눈만 돌리면 현란한 장난감들이 가득하고, 사람들은 모두 거기에 쉽게 몰두한다. 누군가가 만들어준 장난감에 몰두하는 동안, 우리는 현실의 지루함을 잠시나마 잊을 수 있을지도 모른다. 그러나 그러한 놀이들은 어떤 경계도 넘어서지 못하며, 그 무엇도 바꾸지 못한다. 학교와 학원과 거리의 규칙 안에서 잠깐 동안의 도피처를 제공할 뿐이다. 게다가 어느새 우리는 그런 장난감들 없이는 놀지도 못하게 되었다. 약해진 것이다.

어떤 지루함에도 맞서고 그것을 즐겁게 바꾸기 위해서는 에너지가 필요하다. 그것은 우리 안에서만 만들어지는 에너지이며, 즐거움으로 점점 더 커지는 에너지이다. 잘 놀기 위해서는 우선, 무언가가 우리에게서 악의적으로 빼앗아간 그 에너지를 되살려야 한다. 물론 그 에너지는 우리가 놀고 있을 때, 새로운 축제를 기획할 때 만들어진다. 그러니 일단은 놀기 시작해야 한다. 정말로 잘 논다는 것은 쉬운 일이 아니다. 우리의 즐거움을 자극하고 소비하는 무수한 장난감들 사이에서는 더욱 그러하다. 그러나 걱정하지 말자. 서툴게 시작해도 좋다. 일단 놀기 시작하면 우린 점점 더 잘 놀게 될 테니 말이다. 게다가 그건 무엇보다도 즐거운 일일 것이다.

2007년 5월 1일
한경애

차례

책머리에 5

프롤로그_개미와 베짱이의 딜레마 속에서 길 찾기 13

1부 '노동하는 인간'의 세계 · 23

1. 노동하는 인간의 탄생 · 27

   게으름뱅이의 천국은 없다? 27 | 피의 입법, '노동하는 인간' 만들기 34 |
   시간의 소중함을 몸과 마음에 새기기 41

2. 노동하는 세계의 모습 · 46

   모던 타임즈, 쳇바퀴에 몸을 끼우다 46 | 끝없는 노동을 강요하는 공포 51

3. 노동하는 인간의 놀이 · 57

   우리에게 주어진 건 골라 먹는 재미 57 | 노동의 세계가 세운 거대한 테마파크 61

2부 호모 루덴스, '놀이하는 인간'의 세계 · 69

1. 즐거움만이 우리를 놀게 한다 · 72

   놀이가 나를 자유롭게 하리라 72 | 놀이, 새로운 지도 그리기 76 |
   두 가지 즐거움, 두 가지 미래 80

2. 넘실대는 틈새, 물꼬를 트는 흐름의 놀이 · 88

   삶으로 흘러넘치는 축제를 꿈꾸기 88 | 인생판의 눈금들을 타고 넘는 법 93 |
   훼방꾼 크래커와 놀이꾼 해커 98

3. 놀이가 만드는 새로운 세계 · 106

   놀이, 집합적 신체 만들기 106 | 놀이로 충만한 공동체 112 |
   새로운 세계를 여는 놀이 115

3부 움츠린 놀이의 날개를 펴라! · 127

1. 노동과 소유의 욕망에서 탈주하기 · 130
이것은 놀이가 아니다 130 ｜ 새로운 욕망의 놀이를 꿈꾸며 135 ｜
재미로 바꿔놓은 소유의 규칙 139

2. 놀기, 온몸으로 세상을 바꾸기 · 144
너희가 힙합을 아느냐 144 ｜ 꽃의 사람들, 꽃을 든 혁명 153 ｜ 자본주의는 지겨워! 158

3. 놀기! 시장에서 질주하기 · 164
세계는 커다란 두 개의 시장 164 ｜ 어느 록스타의 죽음 169 ｜ 시장에서 놀기 172 ｜
시장을 넘어 구성하는 삶의 즐거움 176

4. 교실에서 놀기, 세상에서 배우기 · 183
문학은 노래, 철학은 수수께끼, 과학은 마법 183 ｜ 교실에서 대안 만들기,
교실 밖에서 공부하기 189 ｜ 세상보다 한 발 앞서기 195

에필로그_ 즐거움만이 세상을 바꾼다 199

부록_ 놀이의 대가들 211 ｜인물 찾아보기 225

프롤로그

개미와 베짱이의 딜레마 속에서 길 찾기

• 일하는 건 싫지만 노는 건 더 비참해 •

개미가 여름 내내 땀 흘리며 '일' 하는 동안 베짱이는 탱자탱자 '놀기'만 했대. 결과는? 뻔하지 뭐. 칼바람 몰아치는 겨울, 개미는 배부르고 등 따시게 자알 지냈지만 베짱이는 달달 떨며 동냥을 다니는 거지. 목에는 누덕누덕 기운 목도리를 하나 두르고 말야.
그럼 말야. 여름 내내 개미는 즐거웠을까? 에이, 일하는 게 즐겁긴 뭐가 즐겁니. 다 나중을 위해서 하는 거지. 여름에 부지런히 모아두지 않으면, 겨울엔 먹을 게 없잖아. 그런가? 만약 겨울이 없는 동네였다면 어떻게 되는 거지? 뭐? 그…… 그래도 개미가 더 여유 있고 풍족하게 사는 건 변함없지. 베짱이는 겨우 끼니나 연명하고 말야. 그래? 여유 있고 풍족한 게 뭔데? 뼈 빠지게 일만 하는 개미보다, 즐겁게 하고 싶은 걸 하는 베짱이가 더 여유 있는 거 아냐? 뭐라구? 넌 왜 맨날 쓸데없는 생각만 하는 거니? 나원 참.

놀지 말고 공부해! 엄마가 말한다. 개미와 베짱이의 교훈은 우리에게 절실하다. 하기 싫어도 열심히 해서, 성적을 모아야(!) 나중에 좋은 직장에 들어가고 행복하게 살 수 있단다. 이미 직업을 가지고 있는 엄마 아빠도 다가올 겨울, 일을 할 수 없게 될 노년을 대비해 열심히 돈을 버신다. 근데 어떤 일을 하면 즐거울까? 아무리 좋아하는 일이라도 그거 한 가지만 계속 한다면 과연 재밌을 수 있을까? 꼬리에 꼬리를 무는 생각들. 그러나 잡생각은 접어두고 일단은 공부를 열심히 하는 게 학생이 할 '일'이란다.

불행히도 일상은 하기 싫고 괴로운 '일'들로 가득 차 있다. 새벽부터 일어나 학교에 가서, 45분과 10분을 주기로 정확하게 반복되는 종소리에 맞춰 지루한 수업을 듣는다. 수업이 끝나면 어김없이 대기해 있던 학원차가 우리를 실어 나르고, 학원에 다녀와 숙제를 하려면 하루가 빠듯하다.

어른이 되면 달라질까? 나도 뭔가 멋진 일을 하면서 즐겁게 살 수 있을까? 그러나 할리우드 영화처럼 근사하고 드라마틱한 일들은 내 인생에 결코 일어나지 않을 것만 같다. 학교에서 나눠준 진로희망조사서의 하얀 빈 칸은 공허해 보일 뿐이고, 누나의 일상도 부모님의 일상도 그다지 행복해 보이진 않으니 말이다.

엄마 아빠의 자랑이던 누나는 대학에 가서도 새벽부터 밤까지 영어 공부와 취직 준비에 여념이 없다. 열심히 안 하면 삼촌처럼 취직도 못하고 온 집안 친척들의 구박을 당할 거라나. 그렇다고 열심히 회사에 다니시는 아빠의 삶이 행복해 보이는 것도 아니다. 무슨 일이 그렇게 많은지 새벽부터 집을 나가 밤늦게 돌아오시고, 회사를 쉬는 주말엔 하루 종일 주무신다. 맨날 피곤하다시면서.

매일매일 비슷한 일을 하고, 저녁이면 텔레비전을 보거나 휴식을 취하는 삶, 주말을 기다리며 일주일을 버티는 부모님의 삶이 지금의 나랑 뭐 그리 다를까. 매일 가야 하는 학교, 하기 싫은 공부와 숙제가 반복되는 출퇴근으로 슬쩍 자리만 바꾸는 것 아닐까. 이러니 세상사에 대해 좀 알 것도 같다. 인생 뭐 있어? 로또라도 당첨되지 않는 한 하기 싫어도 '일'을 해서 돈을 벌고 나머지 시간에나 재밌는 걸 찾아볼 수밖에. 직업도 없이 '노는' 신세가 되는 것보다는 하기 싫은 일이라도 하는 게 훨씬 낫겠지. 돈 없으면 놀 수도 없으니 말이다.

'일'은 괴롭지만, 노는 건 더 비참하다. "놀고 있네"라는 흔한 비아냥, "사람이라면 일을 해야 한다"거나 "놀기만 하는 게 사람이냐 짐승이지!"라고 말하는 수많은 교훈들이 알려주듯이, '논다'는 말은 종종 그렇게 아무것도 하지 않는 것, 아무짝에도 쓸모없는 짓, 우울한 무능력이나 게으름을 가리킨다. 놀고먹다 인생 암담해진 '백수'의 원형, 베짱이가 그렇듯이…….

• 내 노래의 가치는 어디로 사라진 걸까 •

"하지만 난 노래가 좋았고, 그게 내가 가장 잘할 수 있는 '일'이었는 걸." 베짱이가 말한다. "게다가 노래를 부르는 건 내가 좋아하는 '일'이었지만 언제나 즐겁기만 했던 건 아니라구. 노래를 더 잘 부

비상하는 인라이너

인라인 스케이트를 타는 이들에게도 분명 수많은 실패와 고통스러운 반복의 순간이 있었을 것이다. 아무도 강제하지 않은 노력을 계속하게 하는 힘은 무엇일까? 이토록 아름다운 비약의 순간을 '놀이'라고 부를 수는 없을까?

르기 위한 연습으로 밤을 지샌 적도 있고, 더 좋은 노래를 만들지 못해 괴롭기도 했어. 그래도 내 노래를 좋아하는 이들에게서 힘을 얻었지. 근데 대체 개미가 한 '일'과 내가 한 '일'이 왜 그렇게 차별을 받아야 하는 거지?"

맞다. 우리가 무엇엔가 가장 열중하는 순간은 그것이 정말로 즐거울 때이다. 게다가 아무리 재밌는 일이라도 좀더 잘 하기 위해선 고통의 순간이 필요하다. 생각해보라. 친구들과 게임을 할 때만큼 집중하는 순간이 또 있을까? 좀더 어려운 동작을 연습하는 인라이너나 스케이트보더들의 표정과 몸짓은 얼마나 진지한가. 그건 분명 일상의 다른 어떤 순간보다 강렬한 경험이다.

그런데 '놀이'의 순간에 우리가 그렇게 몰입한다면, '논다'는 말은 차라리 무언가를 아주 열심히 한다는 의미가 되어야 하지 않을까? 게다가 노는 것과 일은 애당초 어떻게 구분될 수 있는 걸까? 게임을 좋아해서 프로게이머가 된 사람에게 게임은 '놀이'일까, '일'일까? 가수가 노래를 부르는 건 '일'이지만, 내가 노래방에 가는 건 '놀이'라구? 생각할수록 점점 더 아리송해진다. 처음부터 다시 생각해보자. 백과사전을 보면 놀이는 다음과 같이 정의되어 있다.

놀이(Play) 신체적·정신적 활동 중에서 식사·수면·호흡·배설 등 직접 생존에 관계되는 활동을 제외하고, '일'과 대립하는 개념을 가진 활동.

일은 어떤 목적을 달성하기 위한 수단이므로 강제성도 있고 고통스럽기도 한 활동인 반면에, 놀이는 별다른 목적이나 강제성이 없는 활동이라는 것이 좀더 자세한 설명이다. 현대인에게 있어 놀이는 일을 하고 난 후의 피로를 풀어주는 역할을 한다고 이 백과사전은 덧붙인다.

고통스럽지만 꼭 해야 하는 목적의식적인 활동인 '일' 과 일의 피로를 풀어주는 것 외에 별 효용은 없는 '놀이' 라고? 하지만 이런 구분은 어딘가 억지스럽다. 생각해보자. 우리가 성적을 올리기 '위하여' 억지로 하는 공부는 당연히 놀이가 아닌 일이다. 그런데 만약 재미있어서 공부를 한다면? 그러다 보니 성적도 올라간다면? 이것은 놀이일까, 일일까?

재밌게도 태국어에서는 '일' 과 '파티' 의 어원이 같다고 한다. 태국 사람들은 일에 대해서 전혀 다른 관점을 가지고 있는 것이다. 그들은 결코 일이 그 자체로 좋은 것이라고 생각하지 않는다. 그들에게 중요한 것은 자연스럽게 우러나는 즐거움을 뜻하는 '사눅' (sanuk)이다. 모든 일은 즐겁거나(사눅), 그렇지 않은 것(마이사눅 mai sanuk)으로 구분되며, 즐거움이야말로 어떤 활동을 가치 있는 것으로 만든다.

반면 괴로워도 반드시 해야만 하는 '일' 과 쓸모없고 무가치한 '놀이' 라는 구분은 어떠한가? 이 단순한 이분법 속에서는 다양한 가치를 만들어낼 수 있는 여러 '활동' 들이 슬그머니 지워져 버리고 만다. 베짱이의 노래가 아무 쓸모도 없는 것으로 버려졌듯이.

• 괴로운 건 '일'이 아니라 '노동' •

그러자 개미가 말했다. "베짱이가 '일'은 안 하고 '놀기'만 했다는 평가를 받는 건 당연한 거 아냐? 사실 베짱이가 노래 하나는 자알 불렀지. 나름대로 열심이었고 말야. 솔직히 말하자면, 나도 베짱이의 노래가 좋았어. 뜨거운 땡볕에서 온종일 허리를 구부리고 일하다가도 베짱이의 노래를 들으면 피로가 풀리는 것 같았거든. 하지만 말야, 노래를 부른다고 쌀이 나와, 밥이 나와?"

개미의 말을 들으니, 어른들의 "놀지 말고 일(공부) 좀 해!"라는 말의 의미를 알 것도 같다. 그때 '일'이란 우리가 하는 다양한 활동 전부를 가리키는 말이 아니라, 쌀이 나오고 밥이 나오는 일, 다시 말해 '돈 되는 일'을 말했던 것이다. 비록 재미없고 하기 싫더라도 먹고살기 위해서는 반드시 해야만 하는 일, '노동' 말이다. 베짱이는 자기가 좋아하는 '일'을 했지만, 그것이 '노동'은 아니었기 때문에 길이길이 백수의 대표로 남았다. 베짱이가 그냥 노래를 부르는 대신 음반을 만들어 팔았다면 '놀기만 했다'는 비난은 안 받았을지도 모를 일이다.

그렇다면 이제 별 구분 없이 사용하고 있었던 두 낱말을 구분하자. '먹고살기 위해서 해야만 하는' 활동은 '일'이 아니라 '노동'이다. 사실 이것은 '일'과 '노동'이라는 낱말의 어원에서도 잘 드러난다. '일'(Work)은 인간 활동을 매우 포괄적으로 아우르는 단어이며,

다양한 언어권에서 '예술 작업'을 뜻하는 경우가 많았다. 최고의 도자기를 빚어내기 위해 온 힘을 기울이는 공예가에게 그 '일'은 때론 고통스러운 작업일 수도 있겠지만, 하기 싫고 귀찮은 것은 결코 아니리라. 하지만 '노동'은 어디에서나 한결같이 괴로움을 상징하는 말이었다. 14세기 영어에서 최초로 등장한 '노동'(labour)은 짐을 메고 미끄러지거나 비틀거리는 것을 의미했다고 한다. 한문 풀이만 보더라도 '수고스러운 활동'(勞動)을 뜻하는 이 단어는 독일에서는 '억지로 하는 힘든 일'(arbeiten)을 뜻한다. '노동하다'라는 의미의 프랑스어(travailler)는 고문 도구를 지칭하는 라틴어 'tripalium'에서 유래되었다.

물론 우리가 돈을 벌기 위해서 '노동'을 하는 것은 아니다. 하지만 우리에게도 '억지로 해야만 하는' 일은 분명히 있다. 바로 공부! 게다가 우리가 죽어라 공부를 해야 하는 이유는 '노동'의 이유와 다르지 않다. 우리들은 더 높은 성적을 받기 위해, 더 좋은 학교에 가기 위해, 더 나은 직장을 얻기 위해 공부를 한다. 나중에 비참한 백수가 되지 않기 위해서 말이다! 교과목의 중요도를 결정하는 것조차 나의 흥미가 아니라 출제 비중이나 내신 성적의 단위 수라는 사실은 우리의 공부가 '노동'이 되어버렸음을 증명한다. 좋아하는 소설책을 읽는 것은 '노는' 것이지만, 교과서에 나온 소설을 읽는 것은 '공부'다. 이러니 공부가 재미있을 턱이 있나.

문제는 우리의 세계가 '노동'만을 가치 있다고 말한다는 것이다. 이러한 세계에서 '놀이'는 무가치하고 쓸데없는 짓일 뿐이다.

베짱이는 이 세계에서 불명예스럽게 추방되었다. 하지만 단지 먹고 살기 위한 노동, 시험에 통과하기 위한 공부란 얼마나 끔찍한 것인가. 노동의 버튼이 눌러진 세계에서 우리의 하루하루는 단조롭기 짝이 없다.

• 베짱이 혹은 노는 인간 살려내기 •

베짱이는 백수라는 낙인이 찍힌 채 추방되었다. 좀더 현대적인 배경이었다면, 음반을 만들어 인기몰이를 하는 스타로 거듭났을지 모른다는 해석도 있긴 하다. 하지만 새로 낸 음반이 흥행에 실패할까 봐, 신인 가수들에게 밀려 인기가 떨어질까 봐 전전긍긍하면서 노래를 부르는 게 여전히 즐거울까? 돈을 벌기 위해 부르는 노래라면 그건 이미 '노동'이 아닐까? 모든 활동을, 심지어 놀이마저 노동으로 만드는 것은 우리에게 어떤 해답도 주지 않는다.

다시 물어보자. 베짱이는 정말로 구제불능인가? 개미처럼 부지런히 '노동'해서 먹을 것을 많이 모아두는 것만이 바람직한 삶의 모습일까? 개미의 10년 후를 상상해보자. 10년이 지나도 그는 비슷한 일상을 반복하고 있을 것이다. 물론 좀더 큰 집과 넓은 곳간을 가지고 있겠지만 말이다. 베짱이의 10년 후는 어떨까? 10년 후의 베짱이는 어디서 어떤 노래를 부르고 있을까?

이 질문들에 대답하고 베짱이의 명예를 되찾아주는 것. 이것이 우리의 프로젝트이다. 베짱이를 추방한 노동의 세계, 우리를 모두

바지런한 개미들로 제조하려는 이곳의 매일매일이 너무나 지루하다면, 베짱이의 노래가 만들어내는 가치를 발견하기 위한 이 여행에 동참하시라. 우선은 '노동하는 인간'의 세계를 둘러보는 걸로 시작해볼까?

1 '노동하는 인간'의 세계

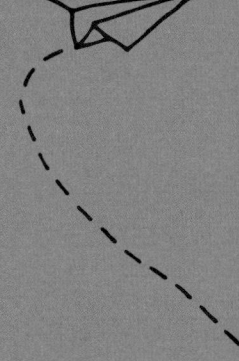

학교 끝나면 학원, 학원에서 돌아와선 숙제…….
우리 너무 열심히 사는 거 아냐? 이렇게 바쁜데도 매일 심심하다니 거참 이상한 일이지.
놀자!
근데 뭐 하고 놀지? 노래방, 피시방, 영화관, 놀이공원…….
놀 거리는 많고 많다고? 그래봐야 돈 없으면 그림의 떡. 게다가 너무 놀다간 후회하게 될 걸.
어른들 잔소리가 아니더라도, 그 놀이들에 몰두하다 보면 어쩐지 불안하고 한심스럽잖아. 피시방이건 노래방이건 잠깐의 도피처일 뿐, 할 일이 잔뜩 있는 현실이 기다리고 있으니까.
이게 뭐람. 일상은 피곤하고, 놀이는 공허하다니. 사는 건 원래 이렇게 비극적인 거야? 뭐? 헛소리하지 말고 공부나 하라고?

피테르 브뢰겔, 「게으름뱅이의 천국」(1567년)

게으름뱅이의 천국에 가면 정말로 행복할까? 의외로 금세 지루해지는 것은 아닐까? 장 자크 루소는 사람들이 타인의 노동력을 이용할 수 있다는 것을 깨달은 이후, 노동은 지옥이 되었다고 말한다. 어쩌면 우리는 노동이 지옥이 된 사회에 살고 있기 때문에 게으름뱅이의 천국을 꿈꾸는 것일지도 모른다.

1
노동하는 인간의 탄생

• 게으름뱅이의 천국은 없다? •

남아프리카 원주민인 부시맨은 인류학자인 마셜 살린스에게 이렇게 물었다.
"세상에 몽고몽고넛이 이렇게 많은데, 왜 우리가 씨를 뿌려야 하지요?"
―조안 B. 시울라, 『일의 발견』에서

「게으름뱅이의 천국」이라는 독일 민화가 있다. 슈라라펜란트 혹은 쿠카니이라고 불리는 이곳은 너무나 매력적이어서, 가는 방법만 알고 있다면 사람들은 누구나 망설임 없이 짐을 꾸릴 것이다. 꿀이 든 과자와 갖가지 빵으로 지어진 집들이 가득한 나라. 울타리는 근사하게 훈제된 소시지와 햄으로 엮여 있다. 잘 구워진 토실토실한 돼지와 오리들이 등에 칼을 꽂고 돌아다니고, 시냇물엔 요리된 물고기들이 가득하다. 움직이는 것조차 귀찮은 진정한 게으름뱅이들은 그냥 누운 채 입만 벌리고 있으면 된다. 멋진 요리들이 알아서 입으로 뛰어 들어와줄 테니.

훌륭하지 않은가? 슈라라펜란트는 지루하고 피곤한 일상에 지친 우리들이 상상하는 그대로의 세계이다. 하고 싶지 않은 일은 전혀 할 필요가 없고, 자신이 원하는 것은 무엇이건 펑펑 쏟아지는 곳. 그러나 이곳에 들어가기 위해서는 꼭 해야 할 일이 하나 있다(어디 세상에 거저 주어지는 게 있으려구!). 슈라라펜란트에 들어가기 위해서는 이 나라를 둘러싸고 있는 죽으로 된 산을 먹어서 헐어버려야 한다. 에에, 그럼 그렇지. 입에 침이 절로 고일 만큼 생동감 있는 묘사에 눈을 빛내던 이들 모두 마지막 반전(!)에 시큰둥해져 버렸을 것이다. 하긴, 매일 누워만 있는 게으름뱅이를 아예 소로 만들어 죽도록 고생을 시키는 이야기도 있으니 죽으로 만들어진 산을 먹는 것 정도는 애교에 불과할지도.

피노키오 이야기를 생각해보자. 착한 아이가 되는 지루하고 힘든 길을 도무지 따라갈 수 없었던 피노키오는 결국 학교에 가기 싫은 아이들을 낙원으로 데려다 주는 마차에 오르기로 결심한다. 학교에 가기 싫은 아이들을 가득 싣고 떠나는 한밤중의 마차라니, 얼마나 낭만적인가! 거리거리의 정류장마다 아이들이 마차를 기다리고 있고, 집과 학교에서 도망친 아이들을 태운 마차는 거대한 놀이동산을 향해 떠난다. 하루를 조각내어 행동을 지시하는 종소리도, 엄마의 잔소리도 없는 곳. 하기 싫은 일은 하나도 할 필요 없는 아이들의 천국!

그러나 남들 다 공부하는데 놀기만 한 이 아이들이 과연 무사할 수 있을까? 착한 아이가 되지 않는 것에 대한 대가는 생각보다 혹독하다. 아이들은 얼마 지나지 않아 서서히 당나귀로 변하기 시작한다. 놀기만 하는 아이들은 언제나 불행해지고 마는 것이다. 피노키오는 무자비한 주인에게 채찍질을 당하며 일을 하다가 병들어 바다에 버려진다. 포기해! 게으름뱅이의 천국은 어디에도 없으니까!

하지만 정말로 게으름뱅이의 천국은 없는 것일까? 호주 아넘랜드의 원주민들은 하루 서너 시간밖에 노동하지 않는다고 한다. 마을의 어른들이 돌아가면서 쉬엄쉬엄 하는 짧은 노동조차 당분간 먹을 음식을 얻으면 바로 중단되고 말이다. 놀랍지 않은가? 그 정도의 노동만으로 부족 사람들 모두가 배부르고 등 따시게 살 수 있다니! 게다가 이것은 그다지 특수한 사례도 아니다. 많은 인류학자들이 우리의 상식과 너무도 다른 사실을 전하고 있다. 대부분의 원시사회가 축제와 오락의 사회였으며, 비문명권의 사람들은 지금도 하루 서너 시간만 노동한다는 것이다. 아무도 고되게 일하지 않는데도 모두에게 필요한 것이 다 채워지는 사회. 한 인류학자는 이러한 원시사회야말로 "최초의 풍요로운 사회"라고 말했다.

전통적인 농경사회 또한 삶이 축제와 놀이로 구성되어 있었다. 심지어 농사일이 가장 바쁜 시기일수록 더 많은 축제들이 있었다. 노동 후에 놀이가, 놀이 후에 노동이 따로 있는 게 아니라 놀이가 노동 안에 있어 삶을 생기 있고 리드미컬하게 만들어주었던 것이다. 프랑스의 노동사회학자 보방은 1700년경만 해도 평민들이 일하는 날은 1년에 180일 정도에 불과했다고 말한다. 앗! 180일이라구? 그렇다면 1년의 반 이상을 놀았다는 게 아닌가! 기록에 따르면 당시엔 토요일과 일요일은 물론이요, 월요일까지 '블루 먼데이'라고 부르며 일을 하지 않아서 일주일에 나흘만 일하는 것이 일반적인 현상이

한스 볼, 「농민들의 축제」

농경사회의 생활 리듬은 수많은 축제와 함께 만들어졌다. 풀을 베는 시기나 수확기 같은 바쁜 시기에도 사람들은 축제를 즐겼다. 농민들은 주인의 과수원에서 거창한 향응을 누렸고, 부유한 사람들은 축의금을 냈다.

었다고 한다. 그 나흘조차 온갖 축제와 종교 행사로 쉴 때가 많았고 일가친척의 생일까지 다 찾아 놀았다니, 180일 노동이라는 것도 좀 넉넉히 잡은 거라나.

영국의 역사학자 E. P. 톰슨 또한 18세기까지 노동 생활은 "한바탕 일하고 한바탕 노는 것의 반복"이었다고 말한다. 사람들은 실컷 놀다가 내킬 때 일하기 시작했으며, 무수한 축제와 잦은 파티, 음주와 유희가 밤샘 작업과 어우러져 있었다. 하지만 오해하지 말자. 이것은 그들이 게을렀다는 얘기가 아니다. 산업사회 이전의 노동자들은 노동하기 위해 살지 않았으며, 필요 이상으로 노동할 이유가 없었던 것뿐이다. 그들에게는 놀고 축제를 열고 친구들과 어울리는 것, 인생을 즐기는 것이 훨씬 중요했고 그러기 위해 꼭 필요한 만큼만 노동을 했다.

일주일에 나흘? 하루에 네 시간? 한숨이 나올 만큼 부러운 이야기가 아닐 수 없다. 그런데 하루 서너 시간의 노동만으로 충분히 먹고살 수 있다면, 우리는 왜 이른 아침부터 밤늦게까지 노동을 하면서도, 더이상 노동하지 못할까 봐 두려워하는 걸까? 먹고살기 위한 활동인 노동의 시간이 적을수록 우리의 삶은 자유로운 것일 텐데, 대체 어째서 우리는 스스로를 노동하는 동물이라고 정의하고 노동만이 가치 있다고 말하는 걸까?

인류의 오랜 역사를 통틀어 노동이 이처럼 중요했던 시기는 결코 없었다고 학자들은 말한다. 고대 그리스인들에게 노동은 살기 위해 어쩔 수 없이 해야만 하는 일종의 '저주'였다. 중세 신학자 아우

윌리엄 호가스, 「맥주거리」(1751년/위); 쥘 브르통, 「성 월요일」(1858년/아래)

위 그림에서 노동하는 시간과 노는 시간은 분리되어 있지 않다. 건물을 짓다 말고 술을 한잔 마시는가 하면 간판을 그리는 노동자의 표정은 즐거움과 자부심으로 가득하다. 아래 그림이 보여주듯이, 19세기 중엽 노동자들은 '성 월요일'에 일을 하지 않고 선술집에서 동료들과 놀았다. 내킬 때 일하는 삶, 아무 때나 한잔 걸칠 수 있는 한가로움. 그러나 이러한 호시절은 산업혁명과 함께 막을 내린다.

구스티누스 또한 에덴동산에서 "가치 있는 활동은 고되지 않았다"고 말한다. 아담과 이브가 무엇을 하건, 그것은 '노동'이 아니었다는 것이다. 하긴 크리스트교에서 노동은 아담과 이브에게 내려진 형벌이 아니었던가.『호모 루덴스』 즉 '놀이하는 인간'이라는 유명한 책의 저자 호이징가는 중세의 생활은 놀이로 충만했으며, 르네상스의 찬란한 문화 또한 놀이 정신의 산물이었다고 말한다. 그러나 우리 시대는 노동과 생산, 발전을 이상으로 삼고 있다. 많이 만들고 많이 버는 것, 즉 물질적인 것으로 모든 것을 결정하는 이러한 삶이 스포츠와 예술 같은 놀이마저 노동으로 만들고 말았다고 호이징가는 탄식한다.

경제학자 칼 맑스는 말한다. 노동은 자본주의 사회에 들어와서야 비로소 중요한 의미를 가지게 되었으며, 경제적인 고찰의 대상이 되었다고. 일테면 부시맨의 마을에서는 아무도 돈을 벌기 위해 몽고몽고넛을 따지 않는다. 그러나 자본주의 사회에 살고 있는 우리들은 먹고살기 위해 돈을 벌어야 하며, 돈을 벌기 위해 노동력을 팔아야만 한다. 자본주의 사회에선 모든 것이 사고파는 상품이며, 우리의 노동력 또한 상품이기 때문이다. 자본가들은 인간의 활동을 구매하고, 인간의 노동력을 이용해 돈을 번다. 이러한 새로운 조건은 이전의 어떤 사회에서도 존재하지 않았던 전혀 새로운 노동 윤리를 만들어냈다.

• 피의 입법, '노동하는 인간' 만들기 •

신을 위하여 부자가 되도록 노력하는 것은 좋은 일이다.
―아담 스미스, 『국부론』에서

엠마뉘엘 라뒤리가 쓴 『몽타이유』라는 책에 묘사된 13~14세기 중세 마을은 매혹적이기 그지없다. 무엇보다도 그들에게는 여유가 있었다. "몽타이유 주민들은 고된 일을 망설이지 않았으며, 필요하다면 전력투구할 수도 있었다. 그러나 그들은 고정된 시간표를 기준으로 생각하지 않았다. …… 그들은 근무일에도 장시간 일을 멈추곤 했다. 친구들과 잡담을 나누거나 포도주를 즐기곤 했던 것이다." 일테면 몽타이유 마을의 대장장이는 하루에 몇 개씩 꾸준히 쟁기를 만들 수도, 내내 푹 쉬다가 며칠 몰아쳐서 쟁기를 만들 수도 있다. 쟁기를 만들다가 친구랑 놀건 낮잠을 자건, 대장장이의 시간과 노동을 통제하는 것은 대장장이 자신인 것이다. 그러나 공장에 다니는 노동자가 근무하다 말고 포도주를 마신다면 어떤 일이 벌어질까? 바로 해고당하는 것은 아닐까?

　공장주 즉 자본가는 일정한 시간의 단위로 임금을 지불하고 그 시간 동안 대장장이의 노동력을 구매한다. 만약 대장장이가 이래저래 한 시간쯤을 어영부영 보낸다면, 자본가는 한 시간분의 돈을 고스란히 날린 셈이 된다. 그러므로 자본가에게 있어서 시간은 문자 그대로 금이며, 노동자들의 근면성실함이야말로 무엇보다 소중하다. 하고 싶을 때 설렁설렁 일한다고? 꼭 필요한 만큼의 노동이라고? 어림없는 소리! 과거는 잊어라. 내가 너의 시간에 돈을 지불한 이상, 너는 최대한 빡세게 노동해야 한다. 놀이가 노동에 활력을 주고 축제가 삶의 일부라는 말은 게으름뱅이들의 핑계에 불과하다! 살고 싶다면 네 몸을 온통 노동의 모드로 바꿔라!

근대 산업사회, 즉 '노동의 사회'의 개막은 노동을 절대적인 삶의 조건으로 만들고, 사람들의 생체 리듬을 공장의 속도에 맞춰 바꿔버린다. 물론 이러한 과정이 자연스럽게 이루어졌을 리는 없다. 모든 사람들이 괴로워도 슬퍼도 꾹 참고 규칙적으로 노동하도록 만들기 위해서는 적어도 두 단계의 폭력적인 변화가 필요했다. 첫째, 가진 거라고는 맨몸뚱이 하나뿐인 사람들, 즉 살기 위해서 자신의 노동력을 팔 수밖에 없는 사람들을 대량으로 만들 것. 둘째, 사람들의 몸이 움직이는 방식, 즉 신체의 리듬을 철저히 바꿀 것. 엄청난 폭력을 통해 수행된 이러한 변화를 상징적으로 증명하는 사건이 바로 16세기 영국에서 있었던 '인클로저'(울타리치기)와 '피의 입법'이다. 그 호러블한 스토리는 다음과 같다.

배경은 바야흐로 산업화가 막 시작되던 영국. (뚜구둥!) 15세기 말의 급변하는 사회 분위기 속에서 기득권을 유지하기 위해 '돈 되는' 일에 관심을 갖기 시작한 대지주나 귀족, 봉건 영주들은 경작지를 목초지로 바꿔 양을 키우기로 한다. 모직물 공업이 발달하기 시작하면서 양모 수요가 폭발적으로 증가하자 양모 가격이 급등했다나. 대대로 농사를 지으며 살았던 농민들이 하루아침에 내쫓기고, 농가가 활활 불타오른 자리에는 울타리가 쳐진다. 그건 그때까지 누구의 소유도 아니었던 공유지, 물이나 공기처럼 존재하며 수많은 사람들의 삶이 터전이 되었던 거대한 땅에 울타리를 치고 '내 꺼!' 라는 딱지를 붙이는 작업이었다.

이 날강도 같은 '인클로저 운동'은 16세기와 17세기 내내 계속되었으며 18세기에 또 한 번 대대적으로 이루어진다. 수많은 농민들을 하루아침에 거지와 부랑자로 만든 이 사건을 두고 『유토피아』의 저자 토머스 모어는 "양이 사람을 죽였다!"고 통탄했지만, 오히려 이 의기양양한 약탈을 돕기 위해 인클로저법들이 줄줄이 만들어졌다. 그 법을 만든 건 물론 지주들로 구성된 의회였다.

한편, 하루아침에 모든 생계 수단을 잃고 맨몸뚱이로 길거리에 나앉은 농민들에게 유일한 삶의 방편은 공장에 취직하는 것이었겠지? 그러나 농민들은 공장에 취직하기보단 차라리 거지나 부랑자가 되는 쪽을 택한다. 어라? 어째서 이런 황당한 사태가 벌어진 걸까? 이유는 간단하다. 아침에 출근해서 하루 종일 근무하고 저녁에 퇴근하는 규칙적인(!) 삶에 사람들이 적응하지 못했기 때문이다. 지금 우리에게는 지극히 당연한 삶의 방식이 당시 사람들에겐 당최 불가능했던 모양이다. 땅을 잃은 농민들이 공장에서 노동을 하는 대신 거지나 부랑자의 삶을 택하자 당황한 건 공장주들과 위정자들이었다. 그리하여 국가는 그 이름도 살벌하기 짝이 없는 '피의 입법'을 단행한다.

피의 입법은 사람들에게 노동을 시키기 위한 강력한 조치였다. "노동하지 않으면 죽을 줄 알아!" 뭐 이런 식의 협박이자 폭력이랄까. 지주와 공장주들로 구성된 의회는 노동을 전혀 할 수 없는 늙거나 아픈 사람들에게만 거지면허증이란 걸 배부한다. 면허증도 없는 주제에 노동하지 않으면? '구빈법'(빈민구제법)에 걸려 죽도록 맞고 귀가 잘리거나 고발한 사람의 노예가 된다. 만약 노예가 된 이후에 달아나면 이마와 등에 불도장으로 낙인을 찍는다. 그러고도 또 달아나면? 그땐 죽음이지. 살 타는 냄새와 피비린내로 가득한 이 황당한 구빈법(대체 누굴 구제한단 말인가!)은 16세기 영국의 헨리 8세 때에만 무려 7만 2천여 명을 죽음으로 몰아넣었다고 한다.

그뿐 아니다. 17세기에는 유럽 전역에 부랑자들을 감금하는 거대한 수용소들이 세워졌다. 대규모 토지 수탈로 인해 무일푼의 노동력은 어마어마한 규모로 양산되었지만, 공장은 그만큼 빠른 속도로 늘어나지 않았기 때문이다. 프랑스의 철학자 푸코에 의하면, 17세기 파리에서는 시민 100명 중 한 명이 감금되었을 정도라고 한다. 이 기막힌 역사의 페이지들은 노동의 세계가 얼마나 끔찍한 폭력으로 시작했는지를 알려준다. 우리가 당연하게 여기는 삶의 방식이 언제나 당연했던 것은 아니다.

피의 입법과 더불어 행해진 것은 대대적인 정신교육이었다. 당시 공장을 짓고 돈을 벌면서 새롭게 사회의 주도권을 잡은 '신흥 중산층'에겐 평민들의 생활습속을 싹 바꿔버리는 것이 무엇보다 시급한 문제였기 때문이다. 밤낮으로 공장을 돌려야 더 많은 물건을 만들 수 있고, 사람들이 알아서 열심히 일해야 더 많은 돈을 벌 수 있다. 그런데 저 놈들은 매일 축제니 생일이니 '놀고 먹는 데만' 정신

작자 미상, 「부랑자와 노동자 사이」(1875년경)
사회교육가들은 가난한 집안의 아이들이 시간을 낭비한다며, 하루 두 시간씩만 학교에 보내고 나머지 시간은 공장에 보낼 것을 주장했다. 사진은 '똑같은 녀석'이 부랑자였던 시절과 노동자가 된 지금이 얼마나 다른지 홍보하면서 노동의 필요성을 주장하고 있다.

이 팔려 있으니, 저 정신머리를 어떻게 싹 뜯어고치지?

가장 먼저 단행한 건 종교개혁이었다. 90일의 휴일과 52일의 일요일, 38일의 공휴일을 보장하고 이 기간의 노동을 엄격히 금지하는 전통 교회법은 당장 폐기해야 마땅하다! 신흥 중산층은 놀고 먹는 걸 내버려두는 가톨릭을 버리고, '금욕'과 '절제'를 내세우는 청교도 정신을 바탕으로 대대적인 정신 개조 프로그램을 실시한다.

자, 사람들이 놀지 못하도록 하기 위해 고안되었던 참신한 프로그램들을 살짝 들여다볼까. 사람들의 이동을 금지한 악명 높은 구빈법은 전국 방방곡곡을 유랑하며 공연을 펼치던 광대와 가수들을 옴짝달싹 할 수 없게 만든다. 그뿐인가, 새로 제정된 도로법은 거리에서 벌어지던 모든 놀이들을 금지해버린다. 닭싸움 금지! 축구도 안 돼! 도박? 당연히 안 돼! 전통적인 공연장들은 전부 폐쇄하고 성인의 축일은 물론 크리스마스랑 부활절도 금지시켜라! 7일에 한 번씩이나 쉬는 건 너무 과하니 한 주는 당장 열흘로 늘려라! 1640년대 영국 의회를 장악했던 청교도들은 심지어 건포도를 넣은 푸딩과 고기 파이까지 금지했다고 하니, 사람들이 '즐거움'이라는 감각을 완전히 잊도록 하기 위한 놀랄 만한 집념이 아닐 수 없다. 상황은 점점 심해져서 1657년의 법률은 일반 가정 내에서 춤추는 것과 성가 이외의 노래를 부르고 악기를 연주하는 것마저 금지했으며, 일요일에는 교회를 갔다 오는 것 말고는 문 밖에도 나가지 못한 시기도 있었다고 한다. 결국 음악과 춤이 어우러진 축제이던 휴일은 지루하고 엄숙한 날로 바뀌고 만다.

윌리엄 호가스, 「근면과 태만」(1747년),
열한번째 '게으른 견습공, 타이번에서 처형당하다' (위)
열두번째 '런던의 시장이 된 근면한 견습공' (아래)
부지런한 개미군은 성공해서 부귀영화를 누리지만(아래), 게으른 베짱이군은 형장의 이슬로 사라진다(위).

이렇게 노동이라는 새로운 신앙이 탄생한다. 노동은 무엇보다도 신성하고, 게으름은 용서받지 못할 죄악이다. 너의 가난은 너 스스로의 게으름과 도덕적 결함 때문이니 이제 네 몸을 완전히 바꿔라! 당시의 이러한 가차 없는 분위기는 윌리엄 호가스가 만든 12장짜리 동판화에 압축적으로 나타나 있다. 「근면과 태만」이라는 제목의 이 판화는 '근면한 자'와 '게으른 자'가 등장하는 '개미와 베짱이'의 잔혹한 인간 버전. 공장에서 열심히 일한 개미군은 성공의 탄탄대로를 밟아 런던 시장이 되는 반면 허랑방탕한 베짱이군은 범죄자가 되어 교수형을 당한다. 정신 똑바로 차려! 이 세계에 게으름뱅이가 있을 곳은 없다. 게으름뱅이는 완전히 추방되고 만 것이다.

• 시간의 소중함을 몸과 마음에 새기기 •

> 시간이 돈임을 잊지 말라. 매일 노동으로 10실링을 벌 수 있는 자가 반나절을 산책하거나 자기 방에서 빈둥거렸다면, 그는 오락을 위해 6펜스만 지출했다 해도 그것만 계산해서는 안 된다. 그는 그 외에도 5실링을 더 지출한 것이다. 아니 갖다 버린 것이다. ─벤저민 프랭클린, 『프랭클린 자서전』에서

살벌하기 그지없던 '강제노동법'(피의 입법)은 18세기에 이르면 사라진다. 한 주가 7일로 되돌아오고, 크리스마스 금지 같은 극단적인 조치들도 물론 폐지된다. 그러나 그때쯤에는 전통적인 축제와 공동체의 놀이들 또한 완전히 파괴되어 있었으며, 사람들의 몸과 마음은 알아서 노동하는 '근면성실' 모드로 바뀌어 있었다. 산업혁명이 본

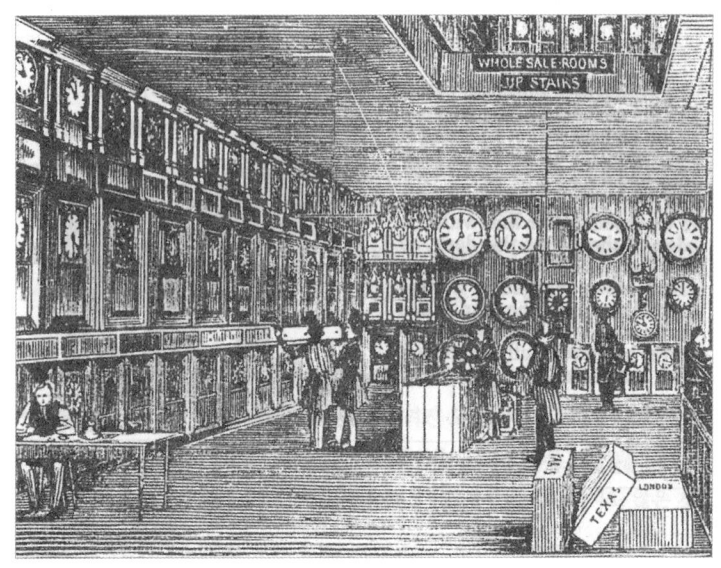

1850년경 미국의 시계점
18세기까지만 해도 시계는 흔히 보기 힘든 사치품이었지만 산업혁명을 거치면서 급속도로 보급되기 시작한다. 모두가 시계를 보고 시간을 체크하는 삶, 시간표를 좇아가는 삶이 시작된 것이다.

격적으로 진행되는 18세기 말부터 노동자들은 '게으름에 대한 도덕적 비난' 때문이 아니라 먹고살기 위해서라도 공장의 리듬에 몸을 맞출 수밖에 없었던 것이다. 이와 함께 부자가 되는 것이야말로 신의 은총이라고 말하는 청교도 윤리는 자본주의의 요구와 절묘하게 맞아 떨어져 사회 전체에 스며들었다. 죽어라 노동해서 무한히 생산하라는 산업사회 정신의 승리!

주위를 둘러보라. 지금 우리들은 아무도 귀가 잘리거나 낙인이 찍힐까 봐 노동하지 않는다. 열심히 노동하는 것이 바람직한 삶이라고 생각하고, 노동할 수 없을까 봐 오히려 불안해한다. 잔인한 폭력이 강제했던 삶의 방식을 이제는 사람들 스스로가 원하고 있는 것이다(사람이라면 일을 열심히 해야지! 난 왜 이리 게으를까. 아아, 취직 못하면 어쩌지?). 독일의 사회학자 막스 베버는 『프로테스탄트 윤리와 자본주의 정신』이라는 책에서 사람들의 몸과 마음이 이처럼 변화하는 과정을 자세히 설명한다. 그것이 '끝없는 이윤 추구'라는 자본주의의 정신이 우리 모두를 확실하게 사로잡는 과정이라는 것도.

공동체적인 삶이 모두 파괴된 자리에서 새로운 시대의 정신으로 부상한 청교도 윤리는 "게으름과 가난은 네가 선택받지 못했다는 증거이니 구원받고 싶다면 부지런히 일해서 부자가 되라!"고 설교한다. 그러나 사람들이 시간을 소중하게 여기고 근면하게 노동하도록 만드는 것이 간단한 일은 아니었다(18세기 영국에서는 사람들에게 규칙적으로 일을 시키기 위해서는 임금을 적게 주어야 한다는 주장이 진지하게 주장되었을 정도이다). 이전까지 사람들은 시간을 정확히 정의하는 법을 아예 몰랐던 것이다. 라뒤리가 묘사한 몽타이유 마을에서 사람들은 "느릅나무 싹이 돋는 계절에 무슨 일을 했다"느니, 혹은 "주기도문 두 개를 읽고 있는데 무슨 일이 일어났다"느니 하는 식으로 말한다.

사람들이 엄격한 시간의 배치에 몸을 끼워맞추도록 하기 위해서는 베버가 '훈육'이라고 부른 체계적인 '몸 만들기' 과정이 필요했다. 청교도 윤리는 수도원에서 만들어진 정확하고 엄격한 시간표를 일상생활에 적용시킴으로써 지금과 같은 노동시간의 개념을 만드는 데 성공한다. 가령 학교에서 정해준 시간표를 지키지 못하는 친구가 선생님에게 맞는다(허걱! 나는 절대 늦지 말아야지!). 밤에는 일기를 쓰며 하루 일과를 돌아보고 반성한다(불끈! 내일은 좀더 보람찬 하루를 보내자!!). 시간표에 따라 하루 일과를 명령하는 학교와 군대가 우리의 몸을 종소리에 따라 움직이는 몸, 지겨워도 참고 견디는 몸으로 길러내는 것이다. 훈육된 신체는 자연스럽게 공장과 일터의 리듬에 적응하고, 자신의 삶이 계획적으로 관리되는 것에 오히려 안도감을 느낀다. 열심히 살아야 경쟁에서 뒤처지지 않지. 미래는 아무도 보장해주지 않잖아? 참고, 일하고, 쉬는 시간을 지키면 구원이 오리니, 믿을 수 있는 건 오직 차곡차곡 쌓이는 금고 속의 돈뿐이라는 신념이 우리를 사로잡는다.

계산되는 것만이 믿을 수 있는 것이라고 말하는 청교도적 윤리는 이제 잃어버린 시간 만큼의 금전적 손해까지 계산하게 만든다. 지금 네가 한 행동의 결과를 '계산' 해보라. 주말 내내 놀기만 했다고? 다음 중간고사 땐 당장 성적이 떨어지겠군. 네가 노는 동안 남들은 돈을 벌었을 테니(혹은 공부를 했을 테니) 넌 그만큼 (성적이 떨어지거나) 가난해진 셈이다. 노는 동안 우리는 그만큼 손해를 본 것이다. 시간은 금이라는 격언은 이렇게 탄생했다. 지금 놀고 있으면 나는 점점 더 가난해진다!

그러나 1분 1초까지 아껴 쓰기 위한 이 대대적인 몸과 마음 바꾸기 프로젝트는 과연 누구를 위한 것이었을까? 신경생리학자 스탠리 코렌에 의하면 "첨단 기술인 시계가 지배하는 생활방식 덕분에" 우리는 육체적으로 필요한 것보다 연간 500시간이나 적게 잔다고 한다. 시간을 아끼면 아낄수록, 우리는 점점 더 바빠지는 것이다. 미하엘 엔데의 동화 『모모』에서 회색 인간들은 사람들에게 시간을 절약해야 성공한다고 속삭인다. "무엇보다 노래를 하고, 책을 읽고, 소위 친구들을 만나느라고 귀중한 시간을 낭비하지 마세요."

우리는 어느새 시간은 금이라는 명령을 몸과 마음에 새기며 우리의 모든 활동을 노동으로 바꾸기 위해 필사적으로 노력하고 있다. 돈을 벌기 위해 삶을 절약하라는 회색 인간들의 조언을 충실히 따르고 있는 것이다. 그러나 시간은 금이 아니다. 시간은 내가 살아 있는 매 순간이며 삶 그 자체이다. 우리의 삶이 무엇도 박탈당하지 않고 그 자체로 충실한 현재일 수는 없을까?

2
노동하는 세계의 모습

• 모던 타임즈, 쳇바퀴에 몸을 끼우다 •

프롤레타리아들이여, 일하고 또 일하라. 사회적 부와 너 자신의 개인적
가난을 증대시키기 위해. 일하고 또 일하라. 더 가난해지기 위해.
일해야 할 충분한 이유가 있으니 일하라. 그러면 그만큼 더 비참해질 것이다.
이것이 바로 자본주의 생산의 헤어나올 길 없는 법칙이다.
—폴 라파르그, 『게으를 수 있는 권리』에서

인간의 노동을 대신할 것으로 여겼던 기계의 등장은 오히려 인간을 노동에 완전히 종속시켰다. 무슨 소리냐고? 눈을 감고 기계들로 가득 찬 '공장'을 떠올려보자. 커다란 기계의 굉음, 끝없이 돌아가는 컨베이어 벨트, 그 앞에 나란히 앉아 비슷한 동작을 끝없이 반복하는 무표정한 사람들. 근대 이전의 노동자들은 오랜 훈련 과정을 거쳐 어떤 하나의 물건을 완벽하게 만드는 장인이었지만, 기계는 숙련된 노동력을 필요로 하지 않는다. 복잡한 노동을 일련의 단순 과정으로 나누어버린 기계제대공업 시스템 속에서 노동자는 생각할 필요도, 탁월한 기술을 가질 필요도 없다. 언제든 다른 노동자로 교체될 수 있는 하나의 부품에 불과한 것이다.

게다가 이전의 노동자들이 도구의 주인이었던 것과 달리, 기계공업 노동자는 기계가 강요하는 작업의 리듬에 복종해야만 한다. 영화 「모던 타임즈」에서 하루 종일 나사를 조이다가 결국 정신이 이상해진 노동자 찰리 채플린은 공장의 거대한 톱니바퀴에 뛰어들어 버린다. 거대한 기계의 일부가 되어버린 근대(모던) 노동자의 모습을 극명하게 보여주는 장면이다.

기계가 사람들의 시간을 장악한 이후, 노동시간은 점점 더 길어지고 노동강도 또한 계속 세졌다. 공장의 기계를 밤낮없이 가동시켜서 더 많은 상품을 만들어내는 것, 더 많이 팔아서 더 많은 이윤을 남기는 것이 자본주의의 절대 목표였으므로. 가령 1845년 영국의 '공장법'은 8세부터 13세까지의 아동과 부녀자의 노동시간을 하루 16시간으로 제한(!)하면서 그 사이에 식사를 위한 휴식 시간조차 주지 않았다고 한다. 1970년대에 우리나라가 이룩했다는 경제성장 또한 상상을 초월하는 가혹한 노동의 대가였음은 말할 것도 없다. 이는 현재에도 수많은 제3세계 국가에서 반복되고 있는 자본주의적 성장의 어두운 이면이다.

그래도 경제성장을 해야 다들 잘 먹고 잘 살 수 있지 않겠냐고? 파이를 키워야 나눌 수 있다고? 내일 행복해지기 위해 오늘은 좀 참으라고? 이런 논리는 너무 오랫동안 반복되었다. 1960년대에 "대망의 1970년대를 바라보며 열심히 일하라"고 했던 사회는 1970년대가 되자 "대망의 1980년대를 바라보며 성실히 일하라"고 말했다. 1980년대 역시 1990년대를 향해 온 국민이 허리띠를 졸라매야 했

찰리 채플린의 「모던 타임즈」(1936년)

채플린을 미치게 만든 것은 끝없이 반복되는 기계의 리듬이었다. 그 리듬을 놓치는 순간 공장 밖으로 쫓겨날지니 쉼 없이 끼우고 돌리고 조여라! 근육이 찢어지고 신경이 너덜너덜해질 때까지!

고, 이제 우리는 1인당 국민소득 몇만 달러 시대를 향해 다시 허리띠를 졸라매고 달린다. 그러나 그 수많은 구호 속에 현재는 결코 등장하지 않는다.

파이를 키우면 나눌 수 있다는 믿음조차 깨어진 지 오래다. 경제학자들의 분석에 따르면, 기업의 이윤이 엄청나게 증가하고 고위관리자들의 임금이 오르는 동안, 노동자들의 임금은 물가상승률과 비교해서 오히려 줄어들었다. 1999년 미국 경영자의 평균 임금은 노동자의 326배. 우리나라의 경우에도 100대 기업의 임원과 직원의 평균 임금은 열 배나 차이가 나고, 삼성전자는 그 차이가 무려 125배에 달한다. 이거, 좀 너무하는 거 아닌가?

영국의 철학자 버트런드 러셀은 4시간 동안의 노동만으로도 모두 행복하게 살 수 있다고 분석하면서, 과로로 죽는 사람들과 일자리가 없어 굶어 죽는 사람들이 동시에 존재하는 현실을 탄식했다. 폴 라파르그가 『게으를 수 있는 권리』를 선언한 것은 1883년의 일이다. 왜 노동자들 스스로 자신을 착취하기 위해 만든 노동의 윤리를 믿고 있는가! 라파르그는 단지 자본가들의 배를 채우기 위해 어린아이들조차 하루 12시간 이상 일을 해야 하는(그럼에도 그 아이들은 여전히 굶주리는!) 프랑스의 현실을 탄식하며, "하루에 세 시간만 일하고 나머지 낮과 밤은 한가로움과 축제를 위해 남겨두어야 한다"고 말한다.

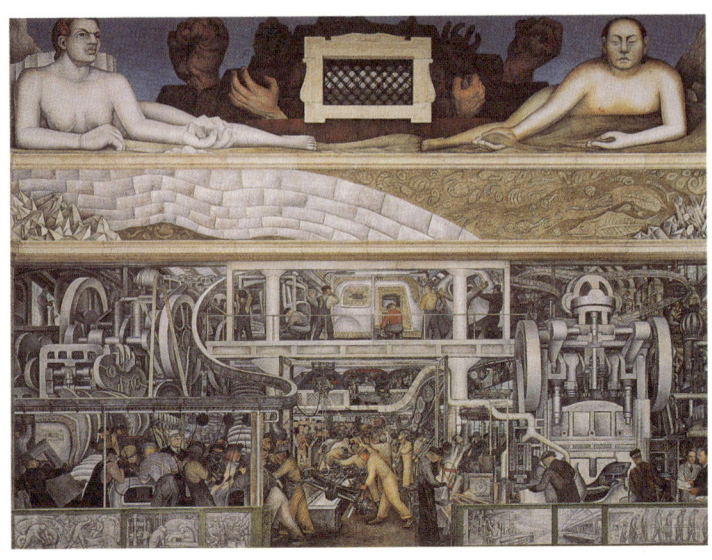

디에고 리베라, 「디트로이트 산업」(1932~33년)
디에고 리베라가 그린 디트로이트 리버 루지 공업단지의 포드 공장은 기계제대공업이 무엇인지 성찰하고 있다. 보라. 거대한 기계 안에서 개미처럼 일하는 노동자들 위로 거대하게 드리워진 신상들을. 마치 인간을 제물로 삼는 고대의 신들처럼, 공장은 노동자의 피땀으로 점점 비대해진다.

• 끝없는 노동을 강요하는 공포 •

여기에는 일종의 두려움이 작동하고 있다. 자신이 사회에서 추방당할지도
모른다는 두려움, 일을 그만두면 자신의 정체성이 없어진다는 두려움.
그래서 일중독자들은 현실을 있는 그대로 느끼지 못하고 오직 일 속으로만
도피하게 된다. ─ 강수돌, 『일 중독 벗어나기』에서

물론 한 세기 동안 법정노동시간은 계속 줄어왔다. 16시간에서 14시간, 12시간을 거쳐 현재의 8시간까지. 심지어 요즘은 주5일 근무제까지 확대되고 있는데 뭘 더 바라냐고 반문할 수도 있을 것이다. 그러나 잊지 말아야 할 사실. 멋진 자동차에 몸을 싣고 휴가 여행을 떠나기 위해서도 우리는 돈을 벌어야만 한다. 취직하기가 하늘의 별 따기라니 어쩌면 노동할 수 있는 걸 다행으로 여겨야 할지도 모른다. 정리해고라는 칼날이 언제 나를 향할지도 모르는데 상사보다 먼저 퇴근하는 건 미친 짓이 아닐까? 요샌 영어뿐만 아니라 중국어도 웬만큼은 해둬야 한다는데 퇴근했다고 놀 시간이 어디 있어? 법정노동시간은 줄었지만, 우리들의 인생은 점점 더 노동을 중심으로 짜여지고 있다!

Stage① 인생의 80%는 어린 시절에 결정됩니다. 조기교육에 매진하세요. Stage② 좋은 직장을 원하십니까? 학창 시절을 빡세게 보내야죠. Stage③ 취직에 성공해도 방심은 금물입니다. 잘리지 않으려면 자기계발은 필수! Stage④ 퇴직 후 여유로운 실버 라이프를 꿈꾸신다구요? 하다못해 휴가 때 해외여행이라도 가고 싶다면 알아서 야근해주는 센스를. 우리는 점점 더 많은 시간을 노동에 매달려

루이스 하인, 「랭커스터 면방직 공장의 소녀」(1908년)
소녀들의 섬세하고 날렵한 손놀림은 대규모 면직 산업에서 매우 중요한 것이었다. 잘 먹지도 못하고 잠도 잘 못 자서 창백해진 아이들이 만들어낸 면직물은 전세계로 팔려 나갔지만 임금은 주당 몇 실링밖에 되지 않았다.

야 한다. 예전엔 아버지만 일하면 되었지만 이제는 어머니들도 나서서 일하지 않으면 안 되는 분위기다. 살기 위해 필요한 것이 자꾸 늘어나기에 남들처럼 살기 위해선 더 많이 벌어야 하고, 더 많이 벌기 위해선 더 많이 일할 수밖에 없다.

최근 20년 동안 1인당 소비는 45% 증가했지만, 사회건강지수에 나타난 삶의 질은 51%나 감소했다고 한다. 현재 미국에선 약 500만 명에 달하는 사람들이 만성피로증후군에 시달리고 있으며, 과로사로 죽는 사람들의 수는 해마다 증가하고 있다. 정체불명의 경제가 '성장'하는 동안 사람들은 분명히 피폐해지고 있는 것이다. 우리나라에서도 직장인 10명 중 3명이 과로사의 위험에 노출되어 있다는 연구 보고가 있으며, 이제는 30대의 과로사도 흔한 일이라고 한다.

그러나 사람들은 살아 있는데도 노동하지 못하는 것을 과로로 죽는 것보다 더 두려워한다. 독일의 경제학자 홀거 하이데는 대부분의 자본주의 국가에서 '노동 중독'이 보편적인 현상이 되었다고 말한다. 죽음까지 불러올 만큼 과중한 노동이 지배하는 삶. 그러나 장례식을 치른 동료들은 다시 일터로 복귀한다. 노동하지 않으면 불안하기 때문이다! 대체 어쩌다가 이런 사태가 벌어진 걸까? 『일중독 벗어나기』라는 책은 그것이 "할 수 있을 때 해두자"는 사회적 강박관념 때문이라고 말하고 있다. 엄청난 스트레스를 받으면서도 다른 방법이 없다고 생각하기 때문에 여태껏 해오던 대로 하고 있다고.

취직하기가 하늘의 별 따기라니까, 백수로 놀고 있으면 인간 취

연금보험 광고

연금보험 광고가 속삭인다. "Plan for your retirement or you might not have one" (폼나게 살고 싶으면 미리미리 준비하라구!) 한 경제연구소는 30세의 부부가 60세에 은퇴해서 평균적으로 생활하기 위해서는 매달 56만원, 문화생활도 좀 누리려면 매달 100만원 정도를 투자해야 한다는 분석을 내놓았다. 우리는 미래를 위해 현재를 투자해야 하는 세계에 살고 있다.

급도 못 받을 테니까, 우리는 기를 쓰고 공부한다. 경쟁에서 살아남으려면 취직한 후에도 마음을 놓을 수 없다. 별로 적성에 맞는 일은 아니지만, 누가 적성에 맞는 일을 하고 살겠어? 자격증을 더 따려면 새벽에 학원이라도 다녀야겠군. 이번에 대대적인 구조조정이 있다던데, 휴가는 반납해야 하는 게 아닐까? 위가 쓰리고, 잠이 부족해도 별수 없다. 노동할 수 있을 때 해두는 수밖에.

노동의 세계는 속삭인다. 놀지 말라는 게 아냐. 니가 '해야 할 일'을 한 다음에 놀라구. 좀 힘들고 지루해도 열심히 공부(노동)하면 나중엔 훨씬 즐겁고 행복하게 살 수 있어. 젊어 고생은 사서도 한다더라. 그리하여 모두가 좀더 행복한 미래를 위해 열심히 노동한다. 그런데 대체 언제쯤 행복해지는 거지? 은퇴 후의 행복을 위해서라면 현재를 희생하는 게 마땅한 걸까? 아니, 은퇴한 후에는 정말 행복해질까? 마치 『이상한 나라의 앨리스』에 나오는 모순과도 같다. "내일 잼을 만들어라. 어제 잼을 만들어라. 그러나 오늘은 잼을 만들지 말아라." 우리는 과연 잼을 먹을 수 있을까?

전통적인 삶의 방식이 모두 파괴되고 모든 것이 사고파는 상품이 되어버린 이곳에서, 아무도 나의 생존과 미래를 보장해주지 않는다는 공포는 끝없는 노동을 강요한다. 과거 어느 시대와도 비교할 수 없는 물질적 풍요로움을 누리고 있지만, 사람들의 삶은 훨씬 바쁘고 힘들어졌으며 노동은 고통스럽지만 하지 않으면 안 되는 것이 되어버렸다. 행복은 끝없이 연기되고, 미래에 대한 공포가 현재를 지배하고 있다.

미래에 대한 공포를 추진력으로 하는 노동은 당연히 고통스러운 의무일 수밖에 없다. 그 의무를 충실히 이행하는 사람들은 골라 먹는 디저트처럼 짧고 달콤한 놀이를 보상받는다. 그러나 그것은 남는 시간을 때워줄 뿐인 불구의 놀이들이다.

3
노동하는 인간의 놀이

• 우리에게 주어진 건 골라 먹는 재미 •

주저 말고 노십시오. 즉시 시작하십시오. 좀 늦었으면 어떻습니까. 자유시간은 작은 휴가입니다. 짜증나는 한 주간 한 주간을 주말의 즐거운 축제와 함께.
―독일 공공위생성, 『여가와 재미를 위한 백 가지 충고』에서

지루한 하루 일과를 마치고 나면, 혹은 한 주를 열심히 보낸 뒤 주말을 맞이하면 다양한 놀잇감들이 우리를 기다린다. 이전보다 훨씬 흥미진진한 내용과 파워풀한 아이템으로 보강된 새로운 버전의 게임. 보고 있으면 마냥 즐거운 텔레비전의 갖가지 프로그램들. 매달 꼬박꼬박 신곡이 들어오는 노래방. 지루해질 만하면 새로운 연예인들의 근황으로 재편성되는 연예계 소식들. 만약 돈이 좀더 있다면 서울랜드나 롯데월드도 괜찮다. 위잉~! 육중한 소리를 내며 바람을 가르는 바이킹이 만들어주는 가슴 서늘함에 이미 익숙해졌다 해도, 갈 때마다 새로운 놀이기구가 다시 마련되어 있지 않은가. 마치 다양한 메뉴가 끊임없이 출시되는 음식점과도 같다. 이러한 메뉴들을 맛보기를 원한다면, 우리가 지불해야 할 것은 얼마간의 돈과 시간이다.

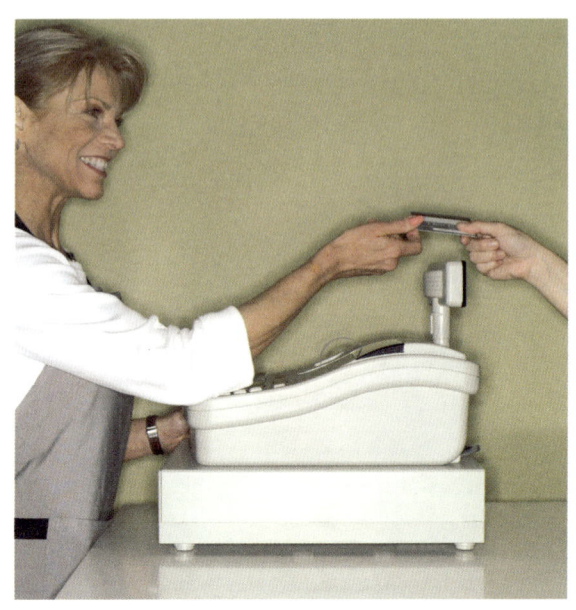

플레이어 라이센스, 신용카드

어느샌가 노는 것이 소비와 동의어가 되어버렸다. 축제에서부터 여행까지 모든 것이 상품인 이 세계에서 우리는 돈 없이 시간을 보내는 법을 알지 못한다. 신용카드야말로 플레이어 라이센스라고 말하는 소비자본주의의 당당함.

그러나 늘상 붙어 있는 경고를 잊지 말 것. 이 제품은 그날 어치 '노동'을 끝낸 사람들을 위한 제품이니 할 일도 안 하고 놀다가는 큰코다칠 줄 아시오. 삐~! 경고를 무시하긴 힘들다. 시간 가는 줄 모르고 놀다가도, 해가 뉘엿뉘엿 저무는 거리로 나올 때면 어쩐지 불안하다. 피시방에서 아무리 승승장구했어도 돌아가야 할 곳은 결국 숙제들이 쌓여 있는 일상이 아닌가. 내일 학교 가면 죽었다! 학원에 빠진 것도 이제 와서 마음에 걸린다. 혹시 집으로 전화가 오지는 않았을까? 집으로 돌아가는 발걸음은 무겁기만 하다. 이렇게 노는 동안 점점 낙오자가 되는 게 아닐까?

지루한 노동과 허탈한 놀이. 우리는 이 사이를 오간다. 피시방을 나오면서는 숙제나 할 걸 그랬다는 후회가 밀려들지만, 종일 지루하기 짝이 없는 학교와 학원에서 멍하니 있다 보면 결국 조금만 시간이 남아도 피시방에 가고 싶어지잖아! 어떤 때는 노는 것조차 노동 같다는 생각도 든다. 일요일에 축 늘어져 쉬고 있는 아빠는 재가동하기 위해 충전하고 있는 건전지 같다. 오직 내일의 노동을 위한 휴식이라면 그건 이미 노동의 일부가 아닐까? 아빠를 졸라 테마파크에 가는 건 어떤가? 그곳에서 우리의 놀이는 누군가가 미리 정해놓은 궤도를 한 발자국도 이탈하지 않는다. 놀이기구를 타기 위해 바삐 돌아다니며 길게 줄을 서는 일요일. 우리는 그날 놀았다고 말할 수 있을까?

독일 공공위생성의 건강안내실에서는 『여가와 재미를 위한 백 가지 충고』라는 책을 출판한 적이 있다고 한다. 이 책이 주장하는 건 여가 시간에 충분히 즐기라는 것. 왜냐고? 일상이란 재미없는 것이고, 또 앞으로도 계속해서 재미없을 것이기 때문이다(켁!). 노동은 어차피 해야만 하는 것이니 불만 따위는 접어두고, 대신 자유 시간을 잘 활용하라. 이 책은 놀이가 직업적인 일상생활을 위한 보상이라고 가르친다.

노동이 인간의 가장 중요한 가치가 될 때, 노동의 보상으로서의 '여가'는 그림자처럼 따라올 수밖에 없다. 인간은 기계가 아니기에 다시 노동을 하기 위해선 휴식과 재충전이 반드시 필요하다. 사실 그 최소한의 휴식조차 노동자들이 힘겨운 싸움으로 얻어낸 것임은 이미 잘 알고 있겠지. 주목할 점은 신체적 피로를 회복하기 위한 최소한의 휴식 시간 이상이 보장되자마자(즉, 잠잘 시간 말고도 좀더 시간이 남게 되자마자) '여가 상품'들이 등장하기 시작했다는 것이다. 토요일의 노동이 평일의 반으로 줄어든 1870년대엔 '뮤직홀'이나 '클럽'들이 엄청나게 생겼다. 그리고 마을 전체가 난장판이 되어 벌이던 풋볼 게임이 사라진 자리에 돈을 내고 관람하는 스포츠 산업이 자리를 잡았다. 자발적인 공동의 놀이들이 파괴되고, 돈을 내고 살 수 있는 여가 상품들이 출시되기 시작한 것이다.

여가 상품은 종류별·가격별로 엄청나게 발달해왔다. 수많은 놀이동산과 테마파크, 세계 곳곳의 값비싼 리조트 휴가에서부터 숙소만 잡아주는 배낭여행까지 패키지로 팔리는 여행 상품들, 블록버스터 영화와 게임들. 굉장하지 않은가? 노동의 세계에서 쫓겨난 놀이가 이제는 돈을 지불해야 하는 상품이 되어 돌아온 것이다. '일하

라! 일하라!' 명령하던 사회는 싱긋 웃으며 속삭인다. 자, 이제 노동하지 않는 순간엔 '돈을 써라!'

휴가를 뜻하는 불어 '바캉스'(vacance)는 공허, 빈 자리를 뜻하는 'vacancy'를 그 어원으로 한다. 노동의 시간과 분리된 채 우리 앞에 진열된 '놀이'들은 다채로운 색깔이지만 텅 비어 있다. 우리는 그것들을 사서 잠시 가지고 놀다가 질리면 또 다른 '놀이'를 찾는다. 지루한 세계가 만들어낸 콜라 같은 청량제. 그러나 과연 이것을 놀이라고 부를 수 있을까? 이것은 결코 놀이가 아니다. 이것은 단지 노동의 그림자에 불과하다.

• 노동의 세계가 세운 거대한 테마파크 •

"우선, 이 인형에겐 많은 옷이 필요해,
이를테면 여기 눈부시게 예쁜 야회복이 있단다." ……
"또 여기 진짜 밍크코트가 있어. 실크 잠옷도 있고. 테니스복, 스키복,
목욕 가운, 승마복, 파자마, 속옷. 다른 옷들도 있단다.
자, 또 하나, 또 하나, 또 하나……."
그는 이 모든 옷을 모모와 인형 사이로 던졌다. 옷은 점차 수북이 쌓여갔다.
신사는 다시 어렴풋이 미소를 지으며 말을 이었다.
"자 꼬마야. 이 옷들을 갖고 인형이랑 한참 놀 수 있겠지, 그렇지?
하지만 며칠만 지나고 나면 또 지루해질 텐데, 이런 생각이 들겠지?
그래, 그럼 네 인형을 위해 더 많은 걸 장만하면 되는 거야."
─미하엘 엔데, 『모모』에서

사람들이 스스로 자유롭다고 생각하는 순간에조차 사실은 얼마나

놀이동산의 롤러코스터
롤러코스터가 멈추면, 우리는 줄 서서 기다리던 바로 그 자리에 내린다. 몇 분간의 예정된 짜릿함을 위해 돈을 지불하고 긴 줄을 서는 우리들.

철저히 구속되어 있는가를 치밀하게 연구한 프랑스의 철학자 푸코는 '여가'가 사람들을 정교하게 통제하는 수단이라고 말한다. 나의 마음, 내가 하고 싶은 것, 나의 욕망까지도 '여가'가 만들어내고 관리한다는 거다. 대체 무슨 소리냐구?

새로 나온 몇만 화소짜리 핸드폰으로 동영상을 찍어 블로그에 올리고 싶은 욕망, 계속 버전업 되는 게임을 사고 싶은 욕망(아, 그러려면 컴퓨터도 계속 업글해야 하는데!). 날렵하게 생긴 MP3 플레이어로 음악을 듣고, 올봄 새로 유행하는 스타일의 옷을 입고, 드라마 주인공처럼 멋지게 살고 싶은, 그렇게 좀더 쿨해 보이고 싶은 '내 마음'은 대체 어디서 생기는 걸까? 무엇이 멋지고 무엇이 쿨한지를 정해주는 건 드라마와 패션 잡지 같은 것들이다. 게다가 그러한 삶을 욕망하는 '내 마음'과 '친구의 마음'은 별반 다르지 않으니, 그 모든 마음들을 만들어내는 건 바로 저 버라이어티한 '엔터테인먼트 산업'이라는 말씀.

광고, 연예계 소식, 드라마와 영화가 보여주는 삶의 방식과 계절마다 바뀌는 유행은 우리의 감각을 자극하고 욕망을 일깨운다. 누군가 말했듯이, 텔레비전과 게임 말고는 그 무엇도 우리에게 일주일에 5~6일씩, 매일 몇 시간씩, 몇 년 동안이나 같은 짓을 '열렬히' 반복하도록 만들지 못할 것이다. 그리고 텔레비전과 컴퓨터게임 앞에서 보낸 그 시간들은 우리의 몸에 다시 비슷한 욕망을 새긴다. 이상하지 않은가? 교복과 두발 단속, 우리를 획일적으로 만들려는 숨막히는 학교가 그렇게나 싫은데, 한켠에선 우리 스스로 다시금 똑같

쉴파 굽타, 「무제」(2004년)

인도의 젊은 작가 쉴파 굽타는 자신의 쌍방향 비디오 설치작품 속에서 아바타로 등장한다. 일곱 가지 '쉴파' 아바타를 클릭해볼까? 쉴파 A : 휴대폰을 받으며 거리를 걷는다. 쉴파 B : 초대형 쇼핑센터를 누비며 물건을 고른다. 쉴파 C : 건전한 시민답게 안전 교육을 받는다.…… 세계가 우리를 프로그래밍하고 있다. 당신은 예외라구?

은 욕망 안에 뛰어들고 있다니!

올봄의 패션은 복고적인 글래머러스룩, 올가을의 유행은 쉬크한 뱅헤어. 모두가 비슷한 옷을 입고 비슷하게 머리를 자른다. 유행에 뒤처진 촌스러운 아이를 '따' 시키며, 우린 심지어 얼굴까지도 똑같기를 욕망한다(김아중처럼 만들어주세요!). 학교가 억지로 교복을 입히고 두발을 단속하며 우리의 몸을 '훈육' 했다면, 이제 우리의 몸과 우리의 욕망, 우리의 즐거움들은 패션과 엔터테인먼트 산업에 알아서(!) '통제' 되고 있다!

이는 물론, 고스란히 노동에의 욕망으로 연결된다. 이 모든 것들을 소비하기 위해서는 무엇보다도 돈을 벌어야 하므로! 1900년대 초에 미국의 기업가 헨리 포드가 노동자들의 임금을 높여주며 영리하게 제안했듯이, 사람들을 착실한 노동자로 만드는 가장 좋은 방법은 그들을 탐욕스러운 소비자로 만드는 것이다. 새 자동차를 사기 위해 사람들은 기꺼이 휴가를 반납하고 야근을 할 것이다. 새 자동차와 야근 모두 기업에게 이익이 될 것은 분명하다.

즐거우면서도 생산적일 수 있는 여러 활동, 그 자체로 예술이고 창조인 장인의 작업, 놀이와 섞여 리듬을 타던 노동은 사라졌다. 이제 '노동'은 목적을 향해 달리는 고통스럽고 맹목적인 과정이며, 추방되었던 '놀이'는 화려하게 포장된 '여가용 상품'이 되어 돌아왔다. 우리 부모님이 평일에도 주말에도 노동에 매달리도록 신체의 리듬을 바꾸고 '공포' 라는 촉진제를 투여했던 세계는, 다른 한편에 놀이터를 만들고 골라 먹을 수 있는 놀잇감들을 출시하기 시작한 것이다. 놀이터는 점점 더 거대해지고 있다. 어쩌면 세계는 또 한 번 몸을 바꿔 아예 하나의 놀이동산이 되어버린 건 아닐까?

핸드폰과 컴퓨터게임, 거대한 온라인 네트워크가 만들어내는 정교하기 짝이 없는 가상공간이 현실을 대신하고, 그렇게 만들어진 거대한 놀이터가 이번엔 모두에게 '놀아라!' 라고 주문한다. 물론 그 모든 놀이에는 어김없이 돈이 지불되어야 한다. 이 놀이터에서 놀이의 주인은 우리가 아니기 때문이다. 이 놀이들 속에서 우리는 게임 속에서 살아가는 아바타와도 같다. 아무것도 생산하지 않으며, 단지 쓰고 또 씀으로써 '이윤 창출' 이라는 자본의 절대 목표를 다른 쪽에서 실현시킨다. 닫힌 방 안에서 열심히 텔레비전을 보고, 텔레비전이 주는 자극에 반응하고, 끝없이 소비를 하고, 소비를 위해 반드시 필요한 도토리를 모으는 삶!

열심히 일한 당신, 뽀대 나게 놀아라! 밤거리의 술집은 하루의 피로를 풀기 위한 직장인들로 가득하고, 피시방엔 학원을 땡땡이친 아이들이 죽치고 있으며, 주말의 놀이공원은 언제나 가족들로 붐빈다. 그러나 피시방과 놀이공원에서 여가 상품들을 소비하고, 신제품이 출시되기를 기다리는 동안 우리는 정말로 놀고 있는 걸까? 돈 없이는 놀지도 못하는 이 비참한 현실이 말해주는 것은 무얼까? '골라 먹는 재미' 에 익숙해지면서, 정말로 노는 능력, 재미를 발견하고 만들어내는 능력, 자신의 삶을 즐거움으로 충만하게 만드는 능력을 잃어버리고 만 것은 아닐까?

놀이는 주어진 놀잇감, 일시적으로 갈증을 잠재우는 자극적인 콜라가 아니다. 놀이는 일상을 새롭게 바꾸고 즐거운 리듬을 만들어 내는 다채로운 무늬, 우리 안에서 샘솟아 삶을 메마르지 않게 하는 능력이 되어야 한다. 자! 지금부터 누군가 업그레이드 시켜주지 않아도 지루해지지 않는 놀이, 탱글탱글 튀어 오르며 나의 삶을 즐거움으로 가득 채우는 놀이는 어떻게 가능할지 생각해보자.

2 호모 루덴스, '놀이하는 인간'의 세계

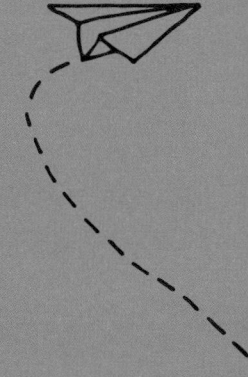

230명이나 되는 아이들이 놀고 있어. 거리를 가득 메운 저 활기! 혼자 있거나 우울한 아이는 한 명도 없고, 놀이의 종류는 91가지나 된다는 거 알아? 별다른 놀이기구도 없어 보이는데 말이야. 어렸을 때는 우리도 저렇게 놀았던가? 친구들만 있으면 새로운 놀이들이 마구 샘솟았었나? 사실은 잘 기억나지 않아. 놀이공원도, 피시방도, 노래방도 우리를 정말 놀게 하는 건 아니라면 논다는 건 대체 뭐지? 학교와 학원과 집을 시계추처럼 오가는 일상에서, 모범적인 학생, 말 잘 듣는 아들딸이 되라는 주문 속에서, 모두가 똑같은 코스를 달려야 하는 선착순 게임에서, 우린 어떻게 놀기 시작할 수 있을까?

1
즐거움만이 우리를 놀게 한다

• 놀이가 나를 자유롭게 하리라 •

자유의 왕국은 궁핍과 외부적인 편의에 의해 결정되는 노동이 끝장나는 곳에서 비로소 시작된다. —칼 맑스, 『자본론』에서

악기의 연주, 운동이나 게임, 연극의 상연 등 다양한 활동들을 'Play' 즉, '놀다'라고 말한다는 건 알고 있겠지? 우리나라에서도 '놀다'라는 말은 노래나 춤은 물론 온갖 동작, 말이나 생각을 하는 활동에 이르기까지 두루두루 쓰인다. 심지어 일본에서는 어떤 행위를 '~하며 놀다'라고 말함으로써 존경을 나타낸다고 한다. "아버님께서 돌아가셨다는 이야길 들었어요"라는 말을 공손하게 하면? "아버님께서 사망 놀이를 하셨다는 이야길 들었어요"라는데……. 우리에겐 황당하게 들리는 이러한 표현은, 세상사 모든 것을 집착 없이 놀 수 있는 사람이야말로 고귀한 존재라는 사고방식을 나타낸다. 이 밖에도 수많은 언어들에서 놀이의 어원은 놀이가 '무엇'을 하느냐로 한정되는 명사가 아니라 노는 것 즉 '움직임'이라는 걸 암시한다. 그러니 놀아라! 세상만사 모든 것을!

놀이가 지금 내가 하고 있는 게 무엇인가에 의해 결정되는 문제가 아니라는 것은 조금만 생각해보면 알 수 있다. 만약 내가 운동신경이 엄청 둔해서 나를 향해 날아오는 모든 것들을 무서워한다면, 체육 시간에 하는 피구를 과연 '공놀이'라고 부를 수 있을까? 놀이는 무슨! 억지로 하는 공놀이는 나에게 차라리 고문에 가까울 것이다. 반대로 우리가 고문이라도 받듯이 억지로 하고 있는 공부가 놀이일 수도 있다. 고대인들에게 지식이란 언제나 우주의 신비에 대한 경이로움이었다. 그들은 지혜를 놀이하고, 철학을 놀이했다. 서로의 지혜를 겨루는 수수께끼 놀이, 존재의 기원을 묻는 수많은 노래, 운(韻)을 던지고 받는 시 짓기 놀이에 관한 동서양의 무수한 기록들. 공놀이가 고문일 수도 있지만, 우리는 지식으로 놀 수도 있다!

기억하자. 놀이는 '무엇'을 하느냐의 문제가 아니라는 것을. 놀이는 무엇이건 '노는' 것, 어떤 일을 할 때 취하는 특정한 태도이며, 움직임으로만 포착되는 동사이다. 우리는 언제라도 그만둘 수 있는 가벼운 마음과 순전한 즐거움으로 놀지만, 바로 그 순간 어느 때보다도 집중하고 긴장한다. 아리스토텔레스는 매사에 이런 태도를 갖는 것, 무엇이든 그 자체로 즐기는 것이야말로 가장 훌륭한 삶이라고 여겼다. 반대로 돈을 벌거나 지키는 일에 평생을 바치는 사람들을 "사는 것 자체에만 열중할 뿐 '잘 사는' 데에는 관심이 없는 사람들"로 여겼다.

무언가를 그 자체로 즐기는 것. 그리스어로 '스콜레'(skholē), 라틴어로는 '오티움'(otium)인 이 단어를 우리나라에서는 '여가'라

라파엘로, 「아테네학당」(1510년)

「아테네학당」은 그야말로 철학자들의 계모임이라고 할 법한 그림. 54명에 달하는 고대 철학자와 수학자, 사상가들이 총등장해서 자유로운 포즈로 서로의 철학과 사상을 논하고 있다. 그들에게는 탐구와 토론이야말로 순수한 즐거움으로 하는 활동이 아니었을까? 이 정도면 '학교'(school)의 어원이 어째서 '여가'(skholē)인지 짐작할 수 있겠지?

는 말로 번역한다. 흥미롭게도 그리스어와 라틴어에는 노동을 정의하는 단어가 아예 없다. 노동이라는 말은 오직 '여가가 없는'이라는 뜻의 단어 'askholia/negotium'으로만 표현된다. 이 언어들에서 삶의 중심은 노동이 아니라 놀이인 것이다. 물론 이것은 아무것도 하지 않는 무위의 시간을 가리키는 말도, 하루 종일 멍하니 텔레비전을 응시하거나 밤낮없이 게임에만 몰두하는 수동적인 시간을 가리키는 말도 아니다.

무엇이든 그 자체로 즐기는 태도는 인간의 가장 탁월한 능력이며, 인간은 이를 통해 생각하고 느끼고 반성하고 창조하고 배울 수 있다고 아리스토텔레스는 말한다. 게다가 아리스토텔레스에 따르면 무언가를 진심으로 즐길 수 있기 위해서는 교육이 필수적이다. 헉, 노는 데도 교육이 필요하냐고? 물론이다. 사실 무언가를 진심으로 좋아하고 즐기는 것은 그 자체로 학습일 수밖에 없다. 광장에서 인라인 스케이트를 연습하는 아이들이 얼마나 혹독하게 스스로를 훈련시키는지 생각해보라. 악기 연주를 좋아하는 사람들은 피나는 연습을 거듭하던 어느 순간 전문가가 되어 있는 자신을 발견할 것이다. 칼 맑스가 말했듯이, "작곡과 같이 진정으로 자유로운 일이야말로 동시에 가장 진지하고 가장 맹렬한 노력을 필요로 한다". 그렇기에 여가를 뜻하는 그리스어는 '학교'(school)의 어원이기도 하다.

순수한 즐거움으로 하는 활동, 무엇이건 그 자체를 즐기는 것. 그것이 바로 놀이이다. 이러한 의미에서 놀이는 가장 지적이고 능동적인 활동이다. 여기 재미있는 질문이 있다. "만약 필요한 물건을 얻기 위해 굳이 노동을 하지 않아도 된다면, 우리는 무엇을 할 것인가?" 베짱이의 노래에 새로운 가치를 부여하는 책 『베짱이의 놀이, 삶, 유토피아』를 쓴 버나드 슈츠는 만약 우리가 노동이 없는 유토피아에 산다면 노동과 유사한 놀이를 발명했을 거라고 말한다. 오직 자신의 즐거움을 위해 손수 집을 짓고, 향기롭고 신선한 야채를 키우며, 직접 빵을 구워 먹을 것이라고. 그것은 결코 힘든 노동이 아니라, 즐거움으로 가득 찬 창조적인 활동일 것이라고.

그러나 어떤 목적을 위해 억지로 노동할 때 창조의 즐거움은 사라진다. 맑스가 말했듯이 자본주의 생산 체제는 특히나 더 창조의 즐거움으로부터 인간을 소외시켰다. 사람들은 돈을 벌기 위해 억지로 노동하게 되었으며, 어떤 물건을 만들기 위해 기획하고 구성하는 과정은 물론, 자신이 만든 물건을 직접 사용하는 기쁨도 빼앗겼다. 나치의 유태인 강제수용소인 아우슈비츠 정문에는 "노동이 그대를 자유롭게 하리라!"(Arbeit macht Frei)라는 글귀가 붙어 있었다. 그것은 정반대의 진실을 역설적으로 보여준다. 나를 자유롭게 하는 것은 순수한 즐거움으로 놀고 있는 순간들이다!

• 놀이, 새로운 지도 그리기 •

무엇이 사는 방법인가? 삶을 놀이하면서 살아야만 한다. 즉 어떤 경기를 하거나, 제사를 지내거나, 노래하고 춤추거나 하며 살아야 한다.
—플라톤, 『법』에서

애니메이션 「마법진 구루구루」 속으로 가보자. 주인공과 친구들은 세상을 어지럽히는 대마왕과 싸우기 위해 모험을 떠난다. 온 세계를 떠돌아다니며 갖가지 사건을 겪는 주인공들. 온갖 괴물들과 싸우고 또 새로운 친구들을 만나는 긴 여행 끝에 드디어 주인공들은 대마왕의 성에 다다른다. 이 문만 열면 대마왕을 만날 수 있어!

대마왕과의 마지막 싸움이 끝나면 그들의 긴 여행도 끝나는 셈. 문 앞에 선 아이들은 지난 여행의 기억들을 떠올린다. 힘든 일도 많았지만 꽤 즐거운 시간들이었지? 응, 재밌었어. 대마왕을 무찌르면 모두 끝나는 건가? 흠, 좀 아쉽지 않니? 그러게. 저기…… 그럼, 우리 대마왕은 좀더 내버려둘까? 아이들의 눈이 반짝인다! 놀랍게도, 애니메이션은 아이들이 대마왕의 성문 앞에서 발길을 돌리는 것으로 끝난다! 아이들에게는 대마왕을 찾아가는 '과정' 자체가 가장 즐거운 놀이였기 때문이다. 아이들의 놀이는 '대마왕 무찌르기!'라는 목적에 의해서 지속되는 것이 아니었다. 놀이에 예정된 도착지 따윈 없다.

이번엔 「오즈의 마법사」를 기억해보자. 도로시와 사자, 나무꾼과 허수아비에게는 뚜렷한 목표가 있었다. 그들은 행복해지기 위해서 오즈의 마법사를 찾아 나선다. 마법사가 우리의 소원을 이뤄줄 거야! (마법사가 소원을 이뤄주지 않으면 그들은 결코 행복해질 수 없다!) 그러므로 오즈를 향해 가는 동안의 여정은 그들에게 무의미하다. 하루라도 빨리 도착하고자 노란색 벽돌 길을 따라서 앞으로 앞으로 나아갈 뿐. 그들의 미래는 이미 다 결정되어 있다. 빠르건 늦건

「마법진 구루구루」(위)와 「오즈의 마법사」(아래)
여행과 이동은 다르다. 구루구루의 아이들이 매 순간을 만끽하는 동안 도로시와 일행들은 정해진 목적지를 향해 앞으로 나아가고 있을 뿐이었다.

그들은 오즈에 도착할 것이다. 그러나 그들은 과연 행복해질까? 마법사가 혹시 사기꾼이기라도 하다면 그들의 여행은 몽땅 헛수고가 되고 만다. 「마법진 구루구루」와는 정반대의 이야기. 어떤 목적에도 사로잡히지 않은 채 과정을 무구하게 즐기는 놀이와 달리 노동은 확실한 목표를 위해서만 수행된다(좋은 직장에 취직해야지! 돈을 많이 벌어야지! 더 큰 집을 사야지! 남들보다 앞서야지!). 목표를 성취할 때까지의 과정은 당연히 지난하고 고달플 수밖에 없다.

놀이에 대해 '한 철학' 했던 철학자 니체는 놀이야말로 '어떤 세계에서 살 것인가'를 결정하는 문제라고 말했다. 때가 되면 학교를 졸업하고, 직장에 취직하고, 군대를 가고, 연애하다 결혼하고, 아이를 낳고…… 그렇게 모든 미래가 이미 정해진 삶. 니체는 사는 게 원래 그런 거라고 믿으며 미래를 담보로 현재를 희생하는 자들이 미래마저 고정된 것으로 만든다고 말한다. 현재의 규칙에 매여 놀지 못하는 우리가 어떤 변화 가능성도 없는 딱딱한 세계를 만든다고 말이다. 반면 논다는 것은 미래를 개방하고 무수한 가능성에 자신을 열어두는 것! 우리가 놀기 시작할 때 세계는 무한한 변이의 가능성으로 가득 찰 것이다.

「마법진 구루구루」에서 아이들에게 대마왕의 생사는 그다지 중요하지 않았다. 모험 그 자체를 즐기고 있었기 때문이다. 그렇기에 아이들은 새로운 여행을 위해 대마왕을 살려두기로 한다. 다시 시작된 여행은 또 한 번 그들을 상상도 하지 못했던 곳으로 데려갈 것이다. 반대로 도로시 일행의 여행은 차라리 이동이라고 불러야 하지 않을까? 도로시는 A라는 지점에서 미리 결정해둔 B라는 지점으로 이동했을 뿐이다. 여행은 이동과 다르다. 여행을 하고 있을 때 우리는 아무 데서나 내릴 수도, 어딘가에 더 머무를 수도 있다. 가고 싶은 곳이 얼마든지 바뀔 수도 있다. 마치 지도에 없는 길을 헤매는 것과 같다. 폭풍우를 만나기도 하고, 길을 잃고 엉뚱한 곳으로 가기도 한다. 하지만 어딘가에서 멋진 광야를 만날 수도 있고, 세상에서 가장 아름다운 바다를 발견할지도 모른다. 여행을 하면서 우리는 새로운 지도를 그린다.

정해진 목표를 따라 규칙적으로 발걸음을 옮기는 것이 아니라 언제든 새로운 것과 만나고 다시 어디로든 떠날 수 있는 삶, 결과가 모든 것을 좌우하는 게 아니라 순간순간이 즐거움으로 충만한 삶, 아무리 나이가 들어도 무언가에 또다시 매혹될 수 있는 삶은 얼마나 멋질까? 플라톤은 목적이 이끄는 삶이 사람들을 피투성이로 만들었다고 탄식한다. 즐거이 춤추고 노래하는 대신 피투성이가 되어 싸우다니, 이 얼마나 어리석은가!

• 두 가지 즐거움, 두 가지 미래 •

이 세계는 오직 예술가와 어린아이의 유희만을 가지고 있을 뿐이다. 어린아이와 예술가가 놀이를 하듯 영원히 생동하는 불은 놀이를 하면서, 무구하게 세웠다가 부순다. …… 어린아이는 놀이기구를 던져버리지만 곧 그는 순진무구한 기분에서 다시 놀이를 시작한다. ―니체, 『그리스 비극시대의 철학』에서 즐거움만이 우리를 놀게 한다. 그러므로 즐거움은 자유의 다른 이름이며 욕망의 다른 이름이기도 하다. 나는 무엇을 하고 싶은가? 우리의 삶이 자유로운 놀이일 수 있다면 얼마나 행복할까? 사람이라면 반드시 노동해야 한다는 명령, 학생에게 주어지는 수많은 규칙, 미래에 대한 불안이 아니라 순수한 즐거움만이 우리를 움직이고 활동하게 한다면!

아 참, 그런데 혹시 말야. 며칠 동안 게임만 하다가 피시방에서 죽은 사람의 이야기 알아? 무슨 도시괴담이 아니라, 실제로 뉴스에서 심심찮게 보도된 사례다. 몸이 버티지 못할 때까지 그들을 모니터 앞에 붙잡아둔 것, 밥도 안 먹고 잠도 안 자면서 두 눈을 부릅뜨고 있게 한 것, 결국 그들을 죽이고 만 것의 정체는 대체 뭘까? 그것도 '즐거움'이라고 말해야 하는 건 아닐까? 사람들은 모두 몸에 나쁘다는 것을 알면서도 담배를 피운다. 불량 식품은 입에 달지만, 위와 장에는 일종의 고문일 것이다. 설문조사에 따르면, 대부분의 아이들은 자기가 컴퓨터를 지나치게 많이 하고 있다고 걱정한다. 시간만 나면 또다시 컴퓨터 앞에 앉으면서도!

입맛을 자극하는 패스트푸드와 콜라, 하지 않고서는 못 배길 것 같은 컴퓨터게임처럼, 외부의 자극이 고스란히 몸에 새겨진 욕망과 그 욕망이 원하는 '즐거움'들이 있다. 우리들은 그러한 즐거움에 너무나 익숙하다. 그런 즐거움들은 금세 소진되기 마련이지만, 테마파크는 부지런히 새로운 자극들을 제공해준다. 현실에서 낙오되고 있다는 희미한 불안감은 또 다른 신제품에 몰두하다 보면 잊혀지게 마

「감옥」

알콜 중독 퇴치 포스터. 술병 안에 갇힌 주정뱅이의 모습은, 그를 지배하고 있는 것이 이미 그 자신이 아니라는 것을 보여주고 있다. 중독된 자는 결코 즐기는 자가 아니다.

런이다. 그러나 정작 문제는 현실에서 낙오하고 있다는 것이 아니다. 문제는 그 즐거움들이 '중독된' 즐거움이라는 것이다. 자극에 탐닉하는 동안 나는 점점 더 약해지고 있다.

술 없이는 하루도 살 수 없는 알콜중독자를 두고서 과연 그가 술을 즐긴다고 말할 수 있을까? 그는 술을 즐기고 있는 게 아니라, 술에 장악되어 있다. 그것은 즐거움이 아니다. 외부의 자극에 수동적으로 반응하고, 조금씩 마비 상태가 되어 더 큰 자극을 욕망할 때 나는 놀고 있는 게 아니다. 욕망의 노예가 된 채 매뉴얼대로 움직이는 아바타에 불과할 뿐. 노는 것, 무언가를 진심으로 즐길 수 있는 천진함은 언제라도 그것을 그만둘 수 있을 때, 바로 내가 놀이의 주인일 때 가능하다.

중독된 상태를 즐거움이라고 착각하는 건 너무 쉬운 일이다. 그러나 잊지 말자. 즐거움은 소비되고 소진되는 게 아니라 더 큰 즐거움을 만들어낸다는 것을. 놀이는 언제나 더 큰 즐거움으로 향하고, 노는 동안 나는 더 건강해지며 더 잘 놀 수 있게 된다. 더 큰 즐거움. 더 강해지고 더 잘 놀게 되는 나! 놀면서 우리는 변신하고, 의외의 곳에 도달한다. 제트코스터의 아찔함과 정교하게 꾸며진 판타지월드가 흉내 내는 것은 바로 이러한 탈주의 아찔함이 아니던가. 그러나 테마파크가 제공하는 짧은 탈주는 늘 같은 자리로 되돌아오게 마련. 게임 안의 판타지는 컴퓨터를 끄는 순간 사라지고, 잠깐의 스릴을 맛본 우리는 놀이기구에 올라탔던 바로 그 자리에 내린다. 그것은 현재의 일부가 되어 현재를 유지하는 장치일 뿐 놀이가 아니다.

레나 하데스의 『차라투스트라는 이렇게 말했다』 해석 작품 중 하나(1997년)
주사위가 던져지면, 아이들은 하늘을 바라본다. 우연으로 가득 찬 하늘에서 주사위가 무엇으로 변해 되돌아올지는 아무도 모른다. 그러므로 놀이를 시작하는 것은 예측불허의 미래에 몸을 맡기는 것. 영원한 것은 오직 변한다는 사실뿐이니, 놀아라! 차이만이 되돌아오는 영원회귀의 일부가 되어!

놀이는 언제나 그 안에 전혀 다른 미래, 우연과 의외성을 숨기고 있어야 한다.

현재의 규칙으로 세계를 결정해버리는, 언제나 똑같은 지루한 세계 속에서 살 것인가, 아니면 예측 불가의 무수한 가능성을 만드는 놀이를 시작할 것인가? 이것이 바로 니체의 질문이다. 주사위를 공중으로 던지고, 떨어지는 수를 기다리는 주사위 놀이를 생각해보라. 어떤 수가 나올지는 누구도 알 수 없다. 주사위를 던진 아이들은 하늘을 바라본다. 무엇으로 되돌아올지 예측할 수 없는 주사위의 우연에 흥미진진하게 몸을 맡기고 있는 것이다. 놀고 있는 아이들을 매혹시키는 건 아무도 알 수 없는 미래와 그 안에 숨은 우연뿐. 그러니 세계의 무한한 변신 가능성을 마음껏 즐기며 놀아라!

반면에, 학자들은 하늘을 바라보지 않는다. 종이를 꺼내 주사위의 수를 계산하고 확률과 통계로 다음에 나올 수를 예측하기에 바쁜 것이다. 그들은 미래를 예측해서 현실로 당겨오려 한다(마치 노동의 법칙이 우리의 미래까지 현재의 규칙으로 결정해버리려 하듯이!). 니체는 그 학자들이 결코 놀지 못하는 바보들이라고 말한다. 모든 것을 미리 정해버리고 싶어하는 그들에게 미래는 이미 정해진 것에 불과하며 현재는 결코 바뀌지 않는다.

순수한 즐거움, 자발성, 자유만이 놀이를 계속하게 한다. 해변의 아이들이 하루 종일 모래성을 쌓았다가 허물어도, 똑같은 모래성은 단 한 번도 다시 만들지 않듯이 놀이는 자신을 바꾸면서만 계속된다. 그리고 필연성을 주장하는 모든 법칙으로부터 일탈하면서 무수한 카오스와 미로를 만들어낼 것이다. 어디로 가야 하냐고? 그런 건 잊어버려! 카오스와 미로에서 이정표는 무의미하다. 넘쳐나는 길들 속에서, 새로운 길 또한 얼마든지 만들 수 있을 테니. 카오스와 미로를 즐겨라! 우연을 긍정하는 정신만이 새로움을 창조한다. 우리를 하나의 수로로 모으려는 세계의 법칙에서 탈출하기. 삶을 고정된 것으로 만들려는 모든 시도에서 튕겨 나가기. 그것이 놀이다.

무한한 가능성으로 세상과 함께 놀 것인가, 아니면 미래마저 현실의 폐쇄회로 속에 가둬둘 것인가. 이 모든 선택은 바로 나에게 달려 있다. 일단은 시작하는 게 중요하다. 춤의 첫 스텝을 밟듯이. 처음에는 스텝이 서툴지라도, 발놀림은 점점 더 가벼워지고, 몸은 어느새 음악을 호흡하기 시작할 것이다. 사람들은 춤을 추면서만 더 잘 추는 법을 배우게 되고, 우리는 놀면서만 더 잘 놀 수 있게 된다. 멋지지 않은가! 참고 견디는 게 아니라, 재밌어서 계속 하는 놀이가 나를 변화시킨다니!

물론 거기에는 언제나 고통스럽게 넘어야 할 문턱들 또한 있을 것이다. 「마법진 구루구루」의 아이들이라고 설마 고난의 순간을 마주하지 않았을까. 도저히 물리칠 수 없을 것 같은 괴물을 만나기도 하고, 심각한 의견 충돌로 싸우기도 했을 것이다. 하지만 그들은 고통스러운 순간들을 포함한 그 모든 과정을 진심으로 대면하지 않았을까? '이건 도저히 못해' 라고 미리 규정하는 대신, 그것과 부딪쳐 돌파하면서 한 뼘 더 자란 새로운 자신을 발견하게 된 것은 아닐까? 리눅스라는 새로운 컴퓨터 운영체제를 만든 유명한 해커 리누스 토발즈는 이렇게 말한다. "리눅스는 취미라 해도 과언이 아니다. 제대로 말하자면 아주 진지한 취미였다. 그러나 열정적이고 창조적인 해커의 작업에는 언제나 고단한 순간들이 있다." 그리고 "고된 일과 헌신조차 고역이라기보다는 열정적인 놀이"였다.

즐거움만이 우리를 놀게 한다. 그러나 계속해서 놀기 위해선 아주 중요한 능력이 필요하다. 기차에서 무작정 내리기 위해서 창 밖에 펼쳐진 풍경이 아름답다는 걸 발견해야 하듯이, 세상과 놀기 위해서 우리는 견고해 보이는 이 세계에서 무수한 차이들을 찾을 수 있어야 한다. 어딜 가도 거기가 거기같이 느껴진다면 아무 데도 갈 필요가 없지 않겠어? 어렵게 느껴진다고? 걱정 마시라. 일단 놀기 시작하면, 이 세계가 얼마나 많은 차이들로 반짝이고 있는지를 발견하게 될 테니.

2
넘실대는 틈새, 물꼬를 트는 흐름의 놀이

• 삶으로 흘러넘치는 축제를 꿈꾸기 •

카니발적 핵심은 예술과 삶 자체의 경계선상에 위치하고 있다. 본질적으로 카니발은 독특한 놀이의 형상에 의해 형식화된 삶 자체인 것이다.
—바흐친, 『프랑수아 라블레의 작품과 중세 및 르네상스의 민중문화』에서

매일매일이 비슷하다. 뭔가 재밌는 일 없나? 달력을 보고 공휴일을 찾는다. 뭐, 휴일이라고 해봐야 딱히 할 일이 있는 건 아니지만 학교에 나가는 것보다는 훨씬 낫잖아? 거리마다 초콜릿이 넘쳐나는 발렌타인데이나, 눈 내리는 크리스마스를 기다려본다. 그런데 우리가 크리스마스와 발렌타인데이 때 하는 게 대체 뭐지? 사실 집에서 성탄 특선 영화를 보는 것 말고는 딱히 할 일도 없다. 아, 축제란 그저 이렇게 지나고 나면 그만인 이벤트에 불과한 걸까?

노동의 세계는 즐거움보다는 효율성을, 리듬의 변화보다는 반복을 요구한다. 가장 많은 물건을 생산하기 위해 변함없는 속도로 돌아가는 컨베이어 벨트처럼, 우리들의 시간을 규칙적으로 끊고 배열하는 시간. 학교와 학원과 집을 시계추처럼 오가는 하루하루, 주

중의 노동과 주말의 여가, 반복되는 일상과 일회적인 이벤트. 또박 또박 배열된 삶의 시간은 어느 순간 터져 나오는 축제의 열기마저 재빨리 식히고 놀이의 욕망을 흡수해 일상으로 재배치한다. 그 속에서 놀이와 축제는 단지 일상을 유지하기 위한 환기구에 불과하다. 심지어 '축제'가 상점가에서 세일할 때 제일 많이 쓰이는 단어가 되어버리다니, 이 얼마나 처참한 비극이람.

우리의 삶이 일정한 수로를 따라서 똑같은 저수지로 흘러 들어가고 있다면, 우리의 놀이는 각각의 삶들이 모두 다른 모양새로 마구 범람하도록 물꼬를 터주어야 하지 않을까? 축제가 일상의 틈새에 머무르는 것이 아니라 틈새를 넘어 일렁이며 우리의 삶을 고양시키고 새로운 파동을 전달하는 놀이일 수는 없는 걸까?

자, 여기 러시아의 탁월한 문학비평가 바흐친이 전하는 중세 축제의 풍경을 구경해보자. 16세기 프랑스 소설가 라블레의 소설 속에서 사람들은 엄청난 에너지로 축제를 즐긴다. 리옹에서 열리는 정기 시장에서는 물론, 일 년에 두 달이나 열리는 카니발에서도 죽도록 먹고, 미친 듯이 마시고, 가장행렬을 벌인다. 당나귀가 주인공이 되고 만취한 여자가 성모 역을 맡는 되도 않는 연극으로 근엄한 교회와 잘난 나으리들을 조롱하면서 말이다.

아, 혹시 영화「왕의 남자」를 본 사람이라면 잘 알 것이다. 광대들은 시장통에서도, 거리에서도, 심지어 궁궐 안에서조차도 왕을 희롱하고, 세상의 단단하고 무거운 규칙을 온통 흔들어버리지 않던가. 왕은 하늘처럼 떠받들어야 한다고 소리치는 벼슬아치들에게 그들의

「왕의 남자」

놀이판이 열리면, 놀이의 주인인 광대들이야말로 세계의 왕이다. 규칙을 만드는 사람들의 눈에 그들의 놀이는 위험하기 짝이 없다. 때로는 죽음으로 그 대가를 치러야 할 만큼. 그러나 영화는 그 죽음의 순간조차 "한판 놀이"로 비약하는 광대들을 보여준다.

놀이는 너무나 위험하기 짝이 없다. 그러나 지배계급이 아무리 짓눌러도, 사람들은 언제나 다시 놀면서 완고한 질서를 뒤흔드는 틈새를 만들어왔다.

축제 기간에 일상적이고 규칙적인 생활은 완전히 전복되고, 삶은 엄청난 에너지로 부풀어 오른다. 어마어마한 양의 음식이 탕진되고, 말과 고함, 노래와 잡담과 수다가 한데 뒤섞여 거대한 카오스를 만드는 것이다. 특히 중요한 것은 음식인데, 바흐친의 말에 따르면 노동의 산물이자 자연의 선물인 음식을, 그것을 만든 사람들이 게걸스레 먹어 치우는 이미지야말로 자본주의 이전 시대의 풍요로움을 보여준다. 축제는 삶과 죽음, 육체와 정신, 교회와 시장, 귀족과 천민, 진지함과 우스꽝스러움, 그 모든 경계를 발랄하고 황홀하고 사치스럽게 흐트러뜨리는 혼란 그 자체였다.

모든 금지, 모든 제한, 모든 공식적인 것들을 무효로 만들며 삶을 그 자체로 흘러넘치게 만들었던 축제. 엄청난 긍정과 즐거움의 힘으로 한껏 고양된 생의 충만한 에너지는, 축제가 멈춘 일상에도 흘러들어 일상에 탄력을 불어넣지 않았을까? 축제와 놀이를 모두 멈춘 채 이벤트만을 소비시키려 하는 우리 사회의 엄격한 시간표 속에서 그러한 물꼬 트기는 어떻게 가능할까?

『이상한 나라의 앨리스』

승리자나 패배자는 물론이요, 심지어 규칙조차 없는 놀이가 가능할까? 철학자 들뢰즈는 노동이나 도덕의 질서와 전혀 섞이지 않은 이러한 놀이(코커스 경주)야말로 완전한 놀이라고 말한다. 물론 아무런 규칙도 없는 놀이는 현실에서 불가능할 것이다. 그러나 들뢰즈의 말처럼 중요한 것은 "우리가 이러한 놀이를 생각한다는 사실이다".

• 인생판의 눈금들을 타고 넘는 법 •

"설명하는 방법 중에서 가장 좋은 건 직접 해 보이는 거야."(어느 겨울날
여러분이 스스로 해보고 싶다면 도도새가 어떻게 했는지 이야기해주겠다.)
먼저 둥그렇게 경주 코스를 그려놓자(코스의 모양은 별 문제가 아니라고 했다)
모든 동물들이 코스에 늘어섰다.
'준비, 뛰어!' 같은 신호도 없었다. 그들은 자기 마음 내키는 대로 뛰기
시작했고 또 아무 때나 그만둬버려 경주가 언제 시작되었는지, 언제
끝났는지 종잡을 수가 없었다. ─ 루이스 캐럴, 『이상한 나라의 앨리스』에서

귀여운 장난감들이 등장하는 애니메이션 「토이 스토리」를 본 적이 있는지? 새 장난감에게 주인집 꼬마의 관심을 뺏길까 봐 조바심 내기도 하지만, 장난감들은 다들 즐겁게 지내는 친구들이다.

사건은 최신식 로봇 버즈가 등장하면서부터 벌어진다. 지구방위군으로 만들어진 버즈는 절대로 놀지 못하는 캐릭터다. 이유는? 그가 '지구를 지키라'는 (몸에 새겨진) 규칙에 맹목적으로 지배받고 있기 때문이다. 단 하나의 목적을 입력한 채 살아가는 그에게 세계는 전쟁터일 뿐이며, 모든 사람들은 적군과 아군으로만 나뉜다. 다른 친구들이 그건 '설정'에 불과하니까 우리 너무 심각해지지 말자고 아무리 말해봐야 소용없는 일. 그는 자신이 지구의 평화를 책임지는 중요한 인물이라고 굳게 믿고 있다. 안타깝게도 우리가 보기에 그의 행동들은 '오바'일 뿐이며 그가 정의감에 가득 차 벌인 일들은 모조리 어처구니없는 '사고'가 된다. 뒷수습에 정신없는 건 결국 우리를 비롯한 친구들. 그러나 지구를 지키기 위해 동분서주하는 버즈

「토이 스토리」
모든 것을 전쟁의 규칙으로 바라보는 버즈는 매사에 진지하다. 놀이의 경쾌한 스텝은 어떤 하나의 규칙을 절대적으로 믿는 무거운 중력에서 벗어날 때 비로소 시작된다.

는 너무나 진지하다.

그러던 어느 날 버즈는 실수로 게임센터의 게임기 안에 빠진다. 게임기 안에서 버즈가 고군분투하는 장면은 매우 상징적이다. 장난감 게임기 내부는 전쟁터처럼 설정되어 있는데, 버즈는 그걸 '실제 상황'으로 받아들인 거다. 친구들의 도움으로 게임기에서 구출된 버즈는, 그제서야 자신이 맹신했던 것들이 단지 입력된 명령어에 불과하다는 걸 깨닫는다. 버즈가 누군가의 명령에 의해 움직이는 '장난감'에서 벗어나는 순간이다.

우리의 삶을 지배하는 규칙들은 어떠한가? 종이 치면 제자리에 앉아야 한다. 수업 시간엔 조용해야 한다. 딴 생각을 하지 말아야 한다. 학생답게 행동해야 한다. 말대꾸하지 말아야 한다. 이러저러한 '~해야 한다'와 '~하지 말아야 한다'의 목록은 대략 하나의 명령으로 향한다. 사회에서 인정받을 수 있는 '생산적인' 사람이 되라는 명령. 인간이라면 당연히 노동해야 하며, 남보다 많이 벌고 성공하는 게 행복의 지름길이라는 규칙. 마치 '전쟁'이라는 하나의 코드로 설정된 게임기 속의 버즈처럼, 우리들의 세계 또한 '더 많이 일해서 더 많이 벌라'(더 열심히 공부해서 좋은 성적을 받으라)는 하나의 입력어에 맞춰져 있는 것이다. 하나의 코드로 설정된 세계, 장기판 위의 말처럼 정해진 코스대로 움직여야 하는 삶이라니, 우리의 하루하루가 이렇게 지루한 건 당연한 일이다.

'인생게임'이라는 보드게임이 있었다. 주사위를 던져서 나온 숫자만큼 칸을 건넌다. '대학 진학', '취학', '내 집 마련', '복권 당첨' 등이 써 있는 칸에 서면 몇 칸 더 갈 수 있고, '파산'이나 '사기'에 멈추게 되면 처음으로 되돌아가기도 하는 이 게임에서 승자는 맨 먼저 게임판의 끝에 도달하는 사람이다. 열심히 공부해서 좋은 직장에 들어가고 미래를 위해 열심히 일하는 것이 목표인 우리의 삶을 꼭 닮은 이 게임은 그리 인기를 끌지 못했다. 별로 재미가 없었기 때문이다.

먼저 통과하는 사람이 승리자라는 룰의 '인생게임'이 몇 번만 해도 지겨워지는 건, 그 게임의 규칙이 너무나 단조롭고 완고하기 때문이다. 물론 어떤 놀이, 어떤 게임에서도 규칙은 필요하다. 욕설을 내뱉고 튀어버리는 상대와는 대화할 수 없으며, 사물을 자기 멋대로 부르는 사람과는 의사소통이 불가능하니까. 그러나 무한한 변화 가능성을 가지고 있는 게임일수록 아무리 많이 해도 지겹지 않다는 것에 무슨 설명이 더 필요할까?

세계에서 가장 오래된 게임 중의 하나인 바둑이 바로 그렇지 않을까? 바둑에서 우리는 바둑판에 그어진 눈금들, 바둑알이 움직일 수 있는 가능성을 돌파하며 언제나 새로운 '정석'을 만들어낸다. 몇백 년 동안 계속되어온 게임인데도 새로운 길이 끊임없이 발견된다. 바둑판 위의 눈금들이 그어놓은 한계를 비약하는 것, 규칙을 파괴하지 않으면서도 제약을 돌파하기 위한 심사숙고. 그것이 바로 놀이이다. 게다가 '더 많이 더 빨리 버는 것'이 유일한 목적인 '인생게임'과 달리 바둑은 승자와 패자가 무의미하다. 바둑은 한판 한판을 거듭할수록 자신의 한계를 넘어서고 자기를 변화시키는 게임이기 때문이다.

우리의 삶에도 수많은 눈금이 그어져 우리의 행동을 제한하고 경계를 만든다. 집과 학교, 학원과 거리, 백화점과 놀이공원. 각각의 시간과 공간은 규칙을 만들고, 우리에겐 각각 정해진 역할이 있다. 말 잘 듣는 학생, 착한 아들딸, 착실한 근로자와 건전한 소비자 등등. 할 일은 언제나 정해져 있으며, 때로 선택지는 둘밖에 없는 것 같다. 순종하거나 탈선하거나. 그러나 대부분의 탈선은 무의미한 치기로 끝나며, 더 나쁜 경우 자기가 싫어하던 걸 꼭 닮아버리는 이상한 결과를 낳는다. 학교가 싫다면서 조폭의 질서를 흉내 내는 아이들처럼 말이다. 장기 말처럼 누군가 만들어둔 경계들 안에서 정해진 코스대로 움직이거나 아예 탈선하고 전복되는 대신, 경계를 타고 넘으며 뜻밖의 길을 만드는 바둑알이 될 수는 없을까? 거리와 학교, 공부와 놀이, 모범과 불량이라는 무수한 이분법들을 살짝 뛰어넘으며 새로운 공간을 만들고, 날라리나 범생이 같은 낡은 단어들로는 결코 규정할 수 없는 나를 창조할 수는 없을까?

삶을 노는 것은 삶의 규칙을 바꿔내는 것, 규칙의 주인이 되는 것이다. 고정된 규칙이 있다고 믿는 순간 놀이는 불가능해진다. 어떤 규칙이건 절대적인 명령이 되는 순간, 놀이는 멈추고 모든 움직임은 지루하게 반복되기 시작할 테니. 놀이는 무엇보다도 규칙을 넘나들고 변신시키는 '규칙의 놀이'다. 당연하다고 생각되는 것에서 새로운 의미를 발견하고, 고정되는 순간 다른 틈새를 만들어 돌파하라. 삶의 규칙들을 놀이하는 것은 우리 삶에서 그 어떤 명령도 절대

적이지 않다는 것을 이해할 때 비로소 가능하다. 즐거움으로만 만들 수 있는 그 틈새가 바로 새로운 흐름을 시작하는 물꼬가 될 것이다.

• 훼방꾼 크래커와 놀이꾼 해커 •

<blockquote>
미술은 무언가를 모방해야 할 아무런 의무가 없다. 미술은 새로운 규칙에 의해서만 판단될 수 있다. 새로운 규칙, 그것은 매일같이 새롭게 만들어지고 있다. ─마크 애론슨, 『도발』에서
</blockquote>

우리는 종종 '해커'라는 단어에서 다음과 같은 이미지를 떠올리곤 한다. 어두운 방 안에 홀로 틀어박혀서 남의 컴퓨터에 불법으로 침입하고, 자료를 바꾸거나 파괴해버리는 음침한 침입자. 바이러스를 만들어서 유포시키고 혼자서 킬킬대는 공포의 대상. 그러나 이런 생각은 엄청난 실례가 아닐 수 없다. 해커란 함께 모여 컴퓨터로 놀고, 더 멋진 놀이의 규칙을 만들어내는 놀이꾼들의 이름이기 때문이다. 시스템을 파괴하고 헝클어뜨리는 파괴자들은 '해커'(hacker)가 아니라 '크래커'(cracker)다.

컴퓨터 자체가 흔치 않아 연구소나 대학, 국가기구에서나 볼 수 있었던 시절, MIT(매사추세츠 공과대학)에서 최초로 PDP-1이라는 컴퓨터를 구입하자 밤마다 몰래 학교에 들어와 그 컴퓨터를 가지고 놀았던 일군의 무리가 있었으니, 그들이 스스로에게 붙인 이름이 바로 '해커'였다. 해커는 말 그대로 핵(hack)을 하는 사람들을 가리킨다. 핵은 또 무슨 뜻이냐고? 핵이란 '작업 과정 그 자체에서 느껴지

는 순수한 즐거움 이외에는 어떤 건설적인 목표도 갖지 않는 프로젝트나 그 결과물'을 말한다. 호오, 놀랍지 않은가? '핵'은 놀이 그 자체인 것이다.

최초의 해커들은 부정적인 규칙들을 돌파하며 새로운 게임의 규칙을 만들어내는 저돌적인 놀이꾼이었다. 컴퓨터를 구경하기도 힘들던 그 시절, 그들은 누구든 컴퓨터에 자유롭게 접근할 것을 요구했으며, 자신들이 공동으로 만든 연구 성과가 기업이나 연구소의 소유가 되는 것을 단호히 거부했다. 놀기 위해 가장 중요한 게임의 규칙이 무엇인지를 정확히 알고 있었던 거다. 판을 깨고 도망가는 크래커와 달리, 해커는 규칙의 틈새를 파고들어 낡고 무거운 규칙을 가볍게 바꿔내는 놀이꾼이다.

놀이꾼 해커와 훼방꾼 크래커의 또 다른 예를 생각해볼까? 배트맨을 모르는 사람은 없을 것이다. 그는 슈퍼맨, 스파이더맨, 울트라맨 등 우리가 아는 무수한 '맨'들과 달리 영웅들이 언제나 행복하지만은 않다는 것을 처음으로 보여준 영웅이며, 어둠 속에 존재하는 최초의 '맨'이었다. 오히려 화려한 색채, 번쩍이는 조명 속에서 희희낙락 활개치는 것은 악당인 조커와 펭귄맨. 이런 배치는 무엇을 뜻하는 걸까?

우선, 배트맨은 어두운 과거를 가지고 있다. 이 점에서 그는 아무런 근심걱정 없이 지구 구하기에만 전력을 다하는 건전하고 성실한 '맨'들과는 이미 조금 다르다. 자기 눈앞에서 부모가 살해당하는 장면을 목격한 배트맨은 우울하고 어두운 성격으로 자랐다. 그러나

반크시의 미술관 습격

본명을 알리지 않고 활동하는 반크시는 영국의 그래피티(낙서미술) 아티스트. 사람들은 그를 다양한 이름으로 부른다. 슈퍼 쿨 아티스트, 아트 게릴라, 심플 반달(simple vandal) 등등. 이미 짐작했겠지만, 그의 작품 활동은 아주 독특하다. 거리거리마다 재치 넘치는 그래피티를 그려넣는가 하면, 명화들로 가득 찬 뉴욕의 메츠 미술관에 들어가 당당하게 자기 그림을 걸고 나오는 퍼포먼스까지 벌인다. 반달(vandal)은 5세기 로마를 침략했던 게르만족의 이름. 요즘은 공공물의 파괴자라는 뜻으로도 쓰이지만 눈치 챘겠지? 반크시는 무분별한 파괴자가 아니라 새로운 규칙의 창조자라는 것을.

사실 어두운 과거로 치자면 악당들도 만만치 않다. 조커는 충성을 다 바친 조직 두목의 배신으로 죽을 뻔하다가 겨우 살아나지만 얼굴에 끔찍한 화상을 입었고, 펭귄맨은 기형적으로 생겼다는 이유로 부모에게 버려진 채 하수구에서 자라난다. 캣우먼은 어떤가. 못생기고 소극적이라는 이유로 평생을 눈치만 보다가 급기야 살해까지 당한다. 그러나 이들이 선택한 건? 과거에 사로잡혀 음울하게 지내는 배트맨과는 전혀 다른 삶의 방식!

화려한 분장에 대사 또한 재치 만점인 악당들이 와글와글 몰려다니며 도시를 온통 난장판으로 만들고 한바탕 야단법석을 떤다. 미술관까지 습격해서 엉망진창으로 낙서를 해댄다. '손대지 마시오!'라는 푯말 안에 존재하는 근엄한 고전들에 말이다. 그동안 배트맨은 커다랗고 어두운 저택에서 늙은 집사와 단 둘이 우울한 저녁을 먹고 있다. 선과 악의 구분을 차치하고 누구랑 놀고 싶냐고 묻는다면, 아무리 봐도 주인공보다는 악당들 쪽이다. 무언가를 함께 하고 싶도록 만들어내는 창조적인 에너지는 악당들의 즐거움 속에서 훨씬 힘차게 뿜어져 나온다.

물론 영화 「배트맨」에서 조커와 펭귄맨 등은 끝내 악당에 머무르고 만다. 도시의 규칙을 마구잡이로 파괴해버렸을 뿐, 다른 규칙의 가능성을 찾아내지는 못했기 때문이다. 음표를 마구 뒤섞어 쿵쾅거리는 연주라면 단 한 번의 충동적 재미를 줄 수 있을지는 모르지만 곧 지루해지는 법. 조커 일당의 미술관 습격이 아무런 의미 없는 깽판 놓기가 아니라 새로운 가치의 창조였다면, 그들은 악당이 아니

마르셀 뒤샹, 「계단을 내려오는 나체」(1912년)

뒤샹이 이 그림을 발표했을 때 비평계는 커다란 혼란에 휩싸였다. 대체 어디에 계단이나 나체가 있다는 것일까? 신문과 비평들은 이 그림에서 '아무렇게 쌓여 있는 널판지 조각들'과 '지진 뒤에 폐허로 남은 고가철도' 밖에 발견할 수 없었다. 급기야 한 신문은 상금을 걸고 의견을 공모하기에 이른다.

라 위대한 예술가, 최고의 놀이꾼으로 기억될 수 있지 않았을까?

　예술에 대한 모욕처럼 보일 수도 있는 작업들이 새로운 예술을 탄생시켰다. 제목과는 달리 도무지 사람의 몸으로 보이지 않아 사람들을 혼란에 빠뜨렸던 뒤샹의 그림, 「계단을 내려오는 나체」를 아는지. 처음에 사람들은 당황했고 근엄한 비평가들이 화를 내기도 했지만, 지금 그 그림은 '의심할 여지없이 예술의 전통적인 의미를 바꾼 작품'으로 평가된다. 자연을 고스란히 담아내는 것이 미술의 규칙이었던 시대에 뒤샹은 미술가들이 무언가를 똑같이 재현해낼 이유가 전혀 없다는 것을 보여준 것이다. 뒤샹 이후, 현대 미술은 상상조차 할 수 없었던 방향으로 폭주하기 시작한다. 당연하다고 생각되는 것을 뒤집어 전혀 다른 것을 끄집어내기, 답답하게 막혀 있는 높은 둑의 어느 틈새를 허물어 새로운 물꼬를 트기. 뒤샹의 놀이는 우리에게 세상을 발견하는 새로운 눈을 주었다.

　놀이는 리듬을 뒤섞어 파괴하는 게 아니라, 리듬을 변주하고 호흡을 불어넣는 경쾌한 스텝이다. 「양철북」이라는 영화의 한 장면은 이를 잘 보여준다. 어른이 되고 싶지 않아 성장을 멈춘 주인공 오스카. 그는 양철북을 두드리며 가는 데마다 소동을 일으킨다. 그러나 소동을 일으키는 것만으로는 역시 무언가 부족하다 싶을 때, 영화가 보여주는 믿을 수 없을 만큼 멋진 장면!

　행진곡이 울려 퍼지는 거리에서 군인들이 한 방향을 바라보며 발을 맞춰 걷는다. 군인들의 발걸음을 척척 지휘하는 행진곡에 오스카의 양철북 소리가 끼어들기 시작한다. 처음에 북소리는 얌전히 행

반크시의 그래피티
총을 든 병사가 지키고 있는 것은 이스라엘이 팔레스타인과의 경계에 세워놓은 장벽이다. 그 벽에 반크시가 그린 심플한 그래피티는 총과 벽으로 사람들 사이에 경계를 긋는 세계의 규칙이 얼마나 우스꽝스러운지 보여준다.

진곡의 박자를 따르지만 행진이 계속되는 동안 오스카는 조금씩 조금씩 리듬을 변주한다. 행진곡은 점점 더 자유로워진다. 어느새 흥겨운 춤곡으로 변신하는 음악! 사람들의 스텝도 달라졌다. 엄숙한 표정으로 행진을 하던 사람들이 어느새 춤을 추며 놀고 있는 것이다. 거리는 마술처럼 무도장이 되어버린다!

조커는 단지 훼방꾼으로 남고 말았지만, 규칙을 파괴하고 어지럽히는 크래커와 더 즐겁기 위해 규칙을 창조하는 해커는 다르다는 것을 기억하자. 우리는 종종 해킹이라는 말을 크래킹과 혼동해서 사용하지만, 최초의 해커들이야말로 '해피 해킹'을 자신들의 강령으로 삼고, 더 많은 사람들의 즐거운 '웹질'을 꿈꾼 진정한 놀이꾼들이었다.

3
놀이가 만드는 새로운 세계

• 놀이, 집합적 신체 만들기 •

인간은 노래하고 춤추면서 보다 높은 공동체의 일원임을 표현한다. 그는
걷는 법과 말하는 법을 잊어버리고, 춤추며 허공으로 날아오르려 한다.
─니체, 『비극의 탄생』에서

호이징가는 문화가 놀이를 만드는 것이 아니라, 인간의 문화가 애당초 놀면서 만들어진다고, 즉 문화 자체가 '노는 것'이라고 말한다. 계절의 변화, 별자리의 바뀜, 경작과 추수, 사람과 짐승의 출생과 죽음을 표현하던 공동체의 커다란 축제와 놀이들이 엄숙한 종교의식이나 성스러운 제사를 만들었다. 음악이나 미술, 춤, 시와 같은 예술은 물론이고 철학, 법률 등 다양한 지식과 같이 우리가 문화라고 부르는 모든 것이 놀이의 산물이라는 것이다.

문화가 놀면서 만들어진다니, 그게 대체 무슨 얘기냐고? 생각해보자. 단지 먹고사는 문제에 모든 시간과 노력을 다 바친다면, 그러한 삶에서 어떤 문화를 찾을 수 있을까? 본능적인 필요와는 전혀 무관해 보이는 놀이야말로 우리로 하여금 생물학적 문제를 뛰어넘

게 하며, 그 비약이 삶의 질을 구성한다. 문화는 놀면서 만들어지는 것이며, 축제는 가장 거대한 주기로 우리의 삶을 놀이하는 것이다. 농경민족이었던 우리나라에서 1년은 반복되는 세시풍속들과 맞물려서 돌아갔다. 설이나 단오, 추석과 동지처럼 지금까지 남아 있는 큰 명절들뿐 아니라 갖가지 마을제와 굿이 사람들이 함께 경험하는 시간을 엮고, 삶의 리듬과 문화를 만들었다. 축제는 신에게 바치는 제사이자 세계의 풍요로움에 감사하는 잔치였고, 이웃과 함께하는 한바탕 푸짐한 놀이였던 것이다.

신과 '함께', 자연과 '함께', 혹은 이웃과 '함께' 논다는 것이 중요하다. 놀이는 언제나 '관계 만들기'이기 때문이다. 놀이는 친구들과 하나의 리듬을 만들어내는 과정이며, 새로운 관계를 조성함으로써 새로운 세계를 창조하는 것이다. 에이, 혼자서도 잘 논다고? 컴퓨터나 만화책만 있으면? 그야 물론이다. 하지만 그것조차 결코 혼자 노는 게 아니란 것이다. 1인용 게임을 하고 있을 때조차 가장 즐거운 때는 바로 게임과 나 사이의 파장이 일치하는 순간, 나와 게임이 합체한 듯 느껴지는 그 순간이 아닌가. 음악 마니아나 애니메이션 광처럼 혼자 놀기의 진수를 보여주는 사람들일지라도, 그들에게 놀이는 바로 무언가 '나' 아닌 것과 공감하는 바로 그 순간을 즐기는 것이다.

니체는 축제란 사람들이 자신을 잊고 넘쳐흐르는 황홀한 경험이라고 말한다. 사람들 사이에 존재하던 모든 차별을 지우고 하나가 되는 사건일 뿐 아니라, 인간과 자연마저 하나 되는 잔치라고 말이

김홍도, 「고누놀이」

조선 후기 서민들의 생활을 활달하게 스케치한 김홍도의 그림에는 유달리 노는 장면이 많다. 나무하다 말고 놀고 있는 소년들의 표정이 인상적이다.

다. 월드컵 같은 축제의 순간들을 떠올려볼까? 우리 선수들이 좋은 성적을 내는 것도 즐겁지만, 훨씬 오래 기억에 남는 건 목청껏 응원가를 부르는 동안 거리에 가득한 사람들과 하나가 된 듯한 충만감, 내가 열리고 넘치는 순간의 벅찬 두근거림이 아니던가. 온 거리를 가득 채운 우리가 하나의 커다란 몸, 거대한 집합적 신체가 되어 느끼는 충일감과 두근거림. 함께 노는 친구들과의 일체감은 놀이만이 만들 수 있는 궁극의 경험이다(학교에서 억지로 시키는 '줄 맞춰!'로는 결코 다다를 수 없는!).

남아 있는 기록에 의하면, 부여의 영고나 고구려의 동맹, 예의 무천, 마한의 춘추제와 같은 우리나라의 원시적 축제들이 "무리를 지어 노래하고 춤추며 술을 마시는 데 밤낮을 쉼이 없는" 놀이였다고 전한다. 갖가지 계절제들도 마찬가지. 축제는 놀이가 만드는 일체감을 가장 강렬하게 느낄 수 있는 시공간이었다. 음식을 나눠 먹을 때 사람들은 그 자리에 있는 모두를 마음 푸근한 가족으로 느끼고, 집단의 놀이는 참가한 사람들을 공통의 신체로 묶어준다. 함께 줄다리기를 하거나 같은 리듬에 맞춰 춤을 추며, 하나의 움직임에 동화되는 사이에 사람들은 내가 아니라 '우리'로 존재하는 감각을 생생히 경험한다. 모두가 어울려 새로운 신체, '집합적인 몸'을 만드는 것이다.

놀이는 단순히 하나의 리듬, 일시적으로 같은 파장을 찾는 것에서 멈추지 않는다. 그것은 더 큰 즐거움을 만들어내면서 계속된다. 「꼬마야 꼬마야」라는 노래에 맞춰 커다란 줄을 돌리는 줄넘기 놀이

앙리 마티스, 「춤」(1910년)
우리는 춤을, 춤을 추는 사람과 분리할 수 없다. 춤은 공간을 가득 채운 음악과 고양된 열기, 서로 부둥켜안은 몸의 움직임과 분리되지 않는다. 춤을 출 때 우리는 모든 것이 섞이며 비상하는 순간을 경험한다.

를 아는지? 기다란 줄 하나만 있으면 몇 명이건 함께 할 수 있는 이 놀이는, 놀이가 나의 몸이 다른 것과 섞여 하나의 리듬을 타게 만드는 것임을, 그리고 그렇게 만들어진 리듬을 다시 변화시키며 또다시 내 몸을 바꾸는 것임을 보여준다.

아이들은 노래에 맞추어 빙빙 돌아가는 줄을 함께 타 넘고, 그 줄을 빠져나간다. 일정한 리듬으로 회전하는 줄을 타 넘기 위해 아이들은 긴장하지만, 얼마 지나지 않아 그 리듬에 익숙해진다. 하나의 리듬에 익숙해지고 긴장이 사라지면 놀이는 다시 리듬을 바꾼다. 이제 아이들은 줄을 타 넘으며 손으로 땅을 찍거나 몸을 뒤로 돌리는 등 좀더 어려운 리듬을 만든다. 새롭게 만들어지는 긴장 속에서 놀이는 점점 고양된다.

놀이하는 아이들은 언제나 리듬의 변화를 요구하고, 그 리듬에 맞춰 몸을 바꾼다. 너와 나 사이에 존재하는 차이가 아니라, 나의 변화와 나의 차이가 놀이를 즐겁게 한다. 조금 전의 나와 지금의 나, 그리고 조금 뒤의 나는 놀이 속에서 달라진다. 놀랍게도 내 몸의 리듬이 바뀌는 것은 친구들과 하나의 리듬을 만드는 과정과 다르지 않다. 너와 내가 함께 변하고, 우리가 다른 몸으로 만나서 부딪치고 결합하는 것. 놀이는 그렇게 서로 같은 리듬을 만들고 또 그 리듬을 바꾸어 관계의 새로운 모양을 만들면서 계속된다.

• 놀이로 충만한 공동체 •

> 빠빠라기는 신이 우리에게 야자수, 바나나, 맛있는 타로, 숲에 사는 새와 바다에 사는 생선을 모두 주셨다는 것, 우리들이 모두 그것을 기뻐하고, 행복해해야 한다는 것을 알지 못한다. 우리들 중에 몇몇 사람만 그렇게 하고, 나머지 많은 사람들은 쪼들리고 허기진 채 살아가라고 한 것이 아님을 모르는 것이다.
> ―투이아비, 『빠빠라기』에서

대부분의 사회는 축제와 오락의 사회였다는 이야길 기억하겠지? 하루 서너 시간만 설렁설렁 노동하는 사회. 원한다면 얼마든지 더 노동할 수 있고, 더 큰 물질적 풍요를 누릴 수 있을 텐데도 그들은 왜 더 일하지 않을까? 먼저 '헐벗고 굶주린 원시사회'라는 편견부터 버려야 한다. 생각해보라. 배가 고프다면 먹을 것을 구하기 위해 더 오래 일하지 않을 리 없다. 그들이 더 일하지 않는 건, 단지 더이상 필요하지 않기 때문이다.

대체 어떻게 저런 유유자적함이 가능할까? 매일 여덟 시간 이상을 노동에 집중하는데도 여전히 가난이 암처럼 존재하는 사회에 살고 있는 우리들로서는 신기할 뿐이다. 게다가 그들은 지금 필요한 것 이상을 위해서는 결코 일하지 않는다. 마치 베짱이처럼 말이다! 나이 들어 더이상 노동할 수 없게 될 때엔 어쩌려고 저토록 태평한 거지?

답은 간단하다. 그 사회엔 미래를 위해 먹을 것을 모아두는 개미가 없다는 것. 뿐만 아니라 끔찍한 자연재해라도 당해서 모든 구성원들이 다 굶어 죽지 않는 이상, 가난으로 굶주리는 단 한 사람,

동냥을 다녀야 하는 비참한 베짱이는 결코 생기지 않는다. 지금 필요한 것 이상을 결코 만들어내지 않는 그곳, 개인적인 '재산'이 생기지 않는 사회에서 모두는 그 사회가 만들어내는 생산물을 다 같이 누리기 때문이다.

젊은 시절 유럽을 방문했던 사모아섬의 추장 투이아비가 가장 경악한 것은 유럽인들이 재산을 쌓아놓고 산다는 점이었다. 자기와 자기 가족들이 몇 년을 먹어도 다 못 먹을 만큼 많은 먹거리를 가지고 있으면서, 먹을 것이 없어 허기에 시달리는 사람들에게 나눠주지 않다니! 그는 말한다. "야자수는 익으면 잎과 열매를 떨군다. 그러나 빠빠라기는 잎과 열매를 언제까지라도 붙들고 놓지 않으려는 야자수 같다. 그러니 야자수가 어떻게 새로운 열매를 맺겠는가? 야자수가 빠빠라기보다 훨씬 더 지혜롭다!"

놀랍게도 그들의 언어에는 '내 것'과 '네 것'이라는 단어가 아예 없다고 한다. 대신 그들에겐 '라우'라는 말이 있다. 그건 모두의 것이라는 뜻이다. 모두의 것인 동시에 신의 것. 신이 우리에게 준 선물을 우리는 감사히 받는다. 모두 함께! 그러니 지금 필요한 것 이상을 얻기 위해 힘들게 '노동'해야 할 이유가 대체 무엇인가! 그들의 이러한 태평스러움이야말로 "자신들의 자유에 대한 배려"라고 인류학자인 클라스트르는 말했다. 그들은 모두가 즐겁게 노래 부르는 베짱이이며, 서로가 서로의 자유를 보호한다. 함께 마을 광장에서 벌이는 축제, 함께 부르는 노래와 춤, 즐거운 놀이의 시간 속에서 하나의 신체를 만들면서. 개미의 등장을 막고 행복한 '우리'를 만들기

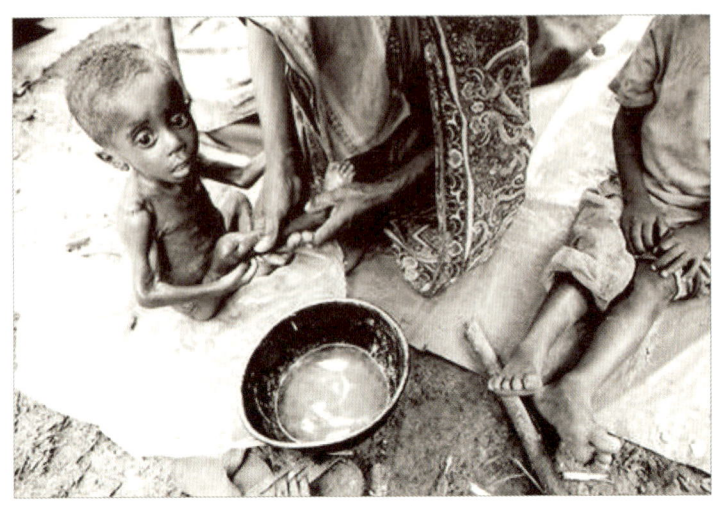

굶주림

세계 인구의 15%는 너무 많이 먹어서 비만이지만, 25%의 사람들은 굶주림으로 고통받고 있다. 이미 모두가 먹고 남을 만큼 식량을 생산하는 데도 불구하고 여전히 굶어죽는 사람이 존재하는 불행한 세계.

위해서 오락과 축제의 시간은 무엇보다 중요하다.

이러니 근대 초기 자본가들이 전통적인 마을 공동체의 놀이와 축제를 금지하는 데에 그토록 필사적이었던 건 당연하지 않을까? 유럽의 농경사회에서도 무수한 축제와 놀이들이 사람들을 함께 살아가는 공동체로 만들었다. 노동 후에는 지주나 귀족들이 으레 성대한 잔치를 베풀고, 축제 땐 누구나 '베풂'을 나누었다. 가난한 농민이나 과부가 부잣집 앞에서 '베풂'을 조르는 노래를 부르면, 돈이나 곡식을 미리 준비해두었던 집주인은 그 요구에 답한다. 그러한 나눔과 선물은 구걸이나 적선이 아니라 공동체의 구성원들에게 당연한 권리이자 의무였던 것이다.

그러나 '산업화'의 시작과 함께 노동에 놀이가 섞이는 것은 철저히 근절된다. '이삭줍기'나 '베풂' 같은 전통적인 관습들은 '게으름'과 '거지 근성'으로 매도된다. 자본주의 사회에 나눔이나 선물 따위 없다. 더 오래 집중해서 노동하라! 그렇지 않으면 '게으름'(!)의 대가는 개인적인 굶주림으로 치르게 될 테니. 노동의 사회는 베짱이의 공동체를 파괴함으로써, 모두를 불안에 떨며 아득바득 내 것을 모으는 개미로 바꿔놓았다.

• 새로운 세계를 여는 놀이 •

혁명은 역사의 환희다.
외쳐라, 이 보도블록 밑엔 바다가 있다.
리얼리스트가 되자! 그러나 불가능한 것을 요구하자!

원주민 마을

노동의 필요를 몰랐던 원주민들이 공장에 취직하지 않자, 유럽의 제국주의자들은 원주민들의 식량인 빵나무를 전부 불태워버렸다. 공통적인 삶의 기반을 파괴함으로써, 사람들을 노동할 수밖에 없도록 만든 것이다. 경제사학자 칼 폴라니가 전하는 무시무시한 일화다.

> 행동은 반응이 아니라 창조다.
> ―1968년, 프랑스 파리 벽의 낙서

> 혁명이란 일상적이 아닌 것을 일상으로 바꾸어놓은 것이다.
> ―쿠바의 한 건물의 낙서

노동의 사회는 베짱이를 추방했다. 베짱이가 게을렀기 때문이라지만, 사실 추방된 것은 노래를 부르고 춤을 추며 함께 살던 삶이 아닐까? 노동의 규칙으로 정비된 세계에서 우리는 모으고 또 모으라는 규칙 아래 똑같은 궤도를 한없이 돈다. 미래를 위해서라며 현재를 저당 잡히고, 모두가 똑같은 것을 욕망한다. 그러나 주어진 자극에 반응하는 욕망이 과연 우리 자신의 것일까? 현실의 규칙을 몸에 새긴 놀이가 아무것도 바꿀 수 없듯이, 우리가 '노동하거나 돈을 쓰라'는 욕망에 한없이 끄달릴 때 노동의 세계는 더욱 견고해진다.

우울해할 건 없다. 노동을 위한 삶, 주어진 자극에 반응하는 삶, 모두 똑같은 걸 욕망하는 삶이 재미없다면 지금 서 있는 자리에서부터 놀기 시작하면 되니까. 놀이는 새로운 욕망의 실험이며, 지금 이 순간을 그 자체로 충만하게 만드는 과정이다. 뭐? 도통 무슨 소린지 모르겠다고? 눈을 크게 뜨고 주위를 둘러보라. 이미 우리 주위에는 멋지게 놀고 있는 게릴라 베짱이들이 많이 있다!

텔레비전을 켜면 오만 가지 회사의 자동차 광고가 나온다. '이 차를 타면 모두가 부러워할 거야. 너의 품격도 업글될 거야. 잘 빠졌지? 이 정도는 타줘야 쪽팔리지 않지'라는 무수한 유혹들. 그래서 우리는 비싼 차가 나 자신을 말해주기라도 하는 듯이 멋진 차를 욕망하고, 구입하며, 유지를 위해 많은 돈을 들인다. 물론 그러기 위해선 더 열심히 노동해서 돈을 벌어야 한다! 그러나 자동차 운전자들이 깨어 있는 열여섯 시간 가운데 약 네 시간을 차 속에서, 또는 차를 몰기 위한 돈을 마련하는 데 소비해야 한다는 걸 아는지?

우리나라에서 자동차는 전체 에너지 소비량의 약 25%를 차지하며, 자동차 배기가스는 서울 대기오염의 80%를 차지한다. OECD 회원국 인구의 절반 이상은 자동차로 인해 50dB 이상의 소음에 시달리고 있다. 또 우리나라의 연간 교통사고 사상자는 40여만 명, 사회적 손실은 15조 원에 달한다. 그럼에도 서울시 자동차의 평균속력은 시속 13km를 넘지 못한다고 한다. 이게 대체 무슨 짓이람?

누군가가 말한다. "우리는 시속 13km의 속도와 편리함을 얻기 위해 너무 많은 것을 잃고 있는 것은 아닐까? 도시의 자동차가 모두 자전거로 바뀐다면 어떨까? 아니 자동차로 가득한 도로에 한 차선만이라도 자전거로 채워진다면 어떨까? 자동차를 두려워하지 않고 독한 매연을 마시지 않으며 달릴 수 있다면, 자전거를 타는 사람들이 더 많이 늘어나지 않을까? 그러면 도시의 도로는 보다 안전하고 쾌적해질 것이고, 우리들의 삶은 훨씬 건강하고 행복해지지 않을까?" 그의 대답을 직접 들어보자.

이런 꿈을 꾸는 사람들이 있다. 아니 꿈을 달린다는 표현이 정확하다. 그들은 자전거가 누비는 도시를 먼 미래의 일로 미루지 않는다.

한 달에 한 번씩 그들은 도시 한복판에서 그들이 바라는 내일을 오늘에 실현한다. 깃발과 피켓을 달고 차선 하나를 차지한 채 형형색색의 자전거 수십여 대가 도로를 질주한다. 그것은 자동차에 점령당한 도로와 그로 인해 병든 도시에 항의하는 시위이며, 자신들의 꿈이 정당하고 충분히 현실 가능한 일임을 증명하는 퍼포먼스인 동시에 그 자체로 즐겁고 행복한 그들만의 축제이다.

지난 8월의 셋째 주 토요일인 21일 오후 4시 광화문 앞 열린시민마당에는 어김없이 자전거들이 모여들었다. 그들이 '두 발과 두 바퀴로 다니는 떼거리들', 곧 발바리다. 남녀노소가 따로 없다. 거의 전문 선수로 보이는 사람들이 있는가 하면, 이제 처음 도로를 달려보는 사람들도 있다. 사람들이 다양한 만큼 그들이 타고 있는 자전거도 다양하다. 산악형 자전거도 있지만, 사이클도 있고, 바구니와 짐받이가 달린 자전거, 조그맣게 접히는 자전거, 앞바퀴가 두 개인 자전거, 삼각형 모양의 자전거, 누워서 타는 자전거까지.

이렇게 모여 도시 한복판을 달린다. 율곡로를 따라 동대문까지, 다시 종로를 통해서 서대문, 아현동을 지나 마포대교를 건너 여의도까지. 짧은 거리는 아니지만, 가장 느린 사람이 충분히 따라올 수 있을 정도의 속도로 달리기 때문에 누구라도 달릴 수 있다. 40~50여 대의 자전거가 차선 하나를 완전히 차지하고 달리는 장면은 그 자체로 장관이다. 차선 하나를 차지하고 달릴 권리가 있으면서도 자동차에 밀려 길가로, 인도로 달려야 했던 각각의 자전거들이 무리를 지어 당당히 자신의 권리를 찾은 것이다.

발바리 떼잔차질

매달 세번째 토요일은 발바리 떼잔차질 하는 날. 발바리들은 자신이 꿈꾸는 미래를 지금 여기서 떼 지어 달린다. "자전거면 충분하다!"

발바리의 떼거리 잔차질은 2001년부터 시작했다. 서울뿐만 아니라 수원과 공주, 인천 등지에서 매월 셋째 주 토요일에는 발바리들의 질주가 벌어진다. 떼거리 잔차질 말고도 발바리는 자전거 세상을 만들기 위한 현실적인 프로젝트를 진행중이다. 발바리 홈페이지에서는 '차선 하나를 잔차에게!' '잠수교를 인도교로!' '발바리공원 만들기' '자전거도로지도 만들기' '대중교통에 잔차 싣고 타기' '안전한 자전거보관대와 실내보관소를 만들자' 등의 프로젝트들을 볼 수 있다. 여기에는 그들의 주장과 함께 해외 사례에 대한 분석과 그들이 두 발과 두 바퀴로 다니면서 조사한 내용들이 담겨 있다. 그것은 거창한 주장과 심오한 운동이기 이전에 자전거를 더 즐겁게 탔으면 하는, 자전거를 더 많은 사람들이 탔으면 하는 발바리들의 소망이다. 발바리들이 자전거를 타는 목적 역시 다양하다. 차비를 아끼려는 사람, 살을 빼려는 사람, 운동을 하려는 사람, 환경을 지키려는 사람, 도시공동체를 꿈꾸는 사람, 친구와 함께하기를 원하는 사람 등등. 그러나 그들의 분명한 공통점 하나는 자전거를 탄다는 것 자체가 너무도 즐거운 일이라는 것이다. 그리고 여럿이 함께 탄다면 그 즐거움은 몇 배 더해진다. 그리고 서로 어울리면서 그들의 목적 또한 서로 어울린다.

발바리는 여타의 인터넷 동호회와는 달리 운영자나 조직 형태가 없다. 자유롭게 즐기고 싶은 만큼 참여하는 개인들의 자발적인 참여로 운영된다. '발바리'라는 이름 역시 동호회의 이름이라기보다는 축제의 이름이다. "발바리는 동호회가 아니다"라고 워커(발바리 아이

"내가 춤출 수 없다면 혁명이 아니다!"
런던에서 열린 부두 노동자 집회의 사진. 커다란 플래카드에는 이렇게 적혀 있다. "If I can't dance, I don't want to be part of your revolution!"(내가 춤출 수 없다면 그건 혁명이 아니야!) 혁명은 나를 희생해야 할지도 모르는 거대한 사건이 아니다. 혁명은 지금 내 삶을 즐겁게 바꾸는 가장 구체적인 일상의 경험이다. 삶을 경쾌하게 바꾸고 일상을 춤추는 더 많은 사례를 알고 싶다면 즐거운 혁명에 관한 멋진 아이디어로 가득찬 책, 최세진의 『내가 춤출 수 없다면 혁명이 아니다』를 읽어보자.

디)는 강조한다. 그는 "떼거리 잔차질에 오는 사람들은 모두 발바리"며 "발바리 인터넷 사이트에 글 하나만 올려도 발바리"라고 말한다. 다양한 사람들이 제각각의 목적으로 다양한 자전거를 끌고 발바리에 나오는 것은 이러한 독특한 모임 형식 덕에 가능한 것으로 보인다. 발바리가 왜 좋은가라는 질문을 던졌을 때, 그들은 경쾌하게 대답했다. "자전거가 좋아서요." "자유로워서요." "떼 지어 타면 재밌잖아요." "어린애도 함께 할 수 있어서요."

자전거는 시내에서 시속 10~20km의 속도를 낼 수 있으며, 100kcal의 열량을 소모할 때 4,800m를 갈 수 있어서 자동차의 85m에 비해서 56배 더 효율적이다. 자동차보다 저렴하고 효율적이며 심지어 빠르기까지 하다. 훌륭한 대안 녹색 교통으로서 자전거의 장점을 모두 열거하기란 쉽지 않다. 그러나 이 모든 장점보다도 더 매력적인 것은 자전거를 타본 사람만이 알 수 있을 것이다. 오직 자신의 팔과 다리로 도저히 못 갈 것 같았던 거리에, 도저히 못 오를 것 같았던 언덕에 이르렀을 때의 느낌을, 자동차 유리를 통해서는 느낄 수 없었던 대지와 바람을, 그리고 그것의 소중함을 자신의 오감으로 느끼며 달리는 기분을 어떻게 설명해야 할까. 당장 핸들을 잡고 페달을 밟아보는 건 어떨까? 공원과 들판을 달리고 당당히 도로를 달려보라. 뭔가가 느껴지는가? 그렇다면 이제 당신도 발바리다.

—지음, 『월간 네트워커』 15호(blog.jinbo.net/antiorder/pid=281)에서

근사하지 않은가. 이들은 자전거 타는 것을 진심으로 즐기고 있

으며, 이들의 놀이는 이 세계가 내미는 것과 전혀 다른 즐거움을 구성한다. 새로운 욕망을 만들어내면서 이들은 여기서 이미 자신들이 원하는 미래를 달리고 있다.

하나 더? 좋아. 여기 정말 멋지게 자신의 삶을 놀이한 할머니가 있다. 그녀의 이름은 헬렌 니어링. 학교 선생님이었던 그녀는 하루의 3분의 1 이상 노동하는 삶을 견딜 수가 없다며, 화끈하게 학교를 그만두고 남편과 함께 모든 물건을 자급자족하는 삶을 시작한다. 미래를 위해 현재를 희생하는 삶을 단호하게 거부한 것이다. 놀라운 것은 그들이 정말 하루 네 시간의 노동으로 필요한 모든 것을 얻을 수 있었다는 사실. 심지어 그런 삶에 촉발된 사람들이 점점 모여들면서 하나의 공동체가 형성되었다!

그러다가 쪽박 차면 어쩌려고 직장을 그만둬? 재산이 있는 것도 아닌데! 그런 뻔한 질문은 이제 그만두자. 미래에 대한 어떤 보장도 없이 자신의 삶을 실험한 그들의 이 놀라운 놀이-삶은 헬렌 니어링이 쓴 『조화로운 삶』에서 엿볼 수 있다. 그들은 결코 처음부터 이런저런 걸 만들겠다고 계획하고 시작하지 않았다. 당장 하고 싶은 것부터 차근차근 해 나가는 동안 점점 더 많은 아이디어가 떠올랐고, 생각조차 하지 못한 문제들이 계속 발생하는데도 그것들을 점점 더 잘 해결할 수 있게 되었다고 그녀는 말한다. 삶을 실험하면서 훨씬 더 좋은 삶을 상상할 수 있게 되었달까? 우리는 놀면서 점점 더 잘 놀 수 있게 된다. 다른 사람들까지 전염시키면서 말이다!

당연한 듯 우리를 포획하던 규칙을 벗어나 놀기 시작할 때, 우리는 우리 안에서 전혀 새로운 욕망을 발견하게 될 것이다. 잘 노는 것은, 우리를 묶고 있는 단단한 규칙을 뒤흔드는 것, 딱딱한 보도블록 밑에 흐르는 수천 갈래의 물결이 범람하도록 틈새를 발견하는 것, 전혀 다른 미래를 발명해내는 것이다. 주어진 상황에 반응하는 대신 기쁨을 창조하라. 우리의 욕망, 우리의 상상, 우리의 실천, 우리의 놀이가 새로운 세계를 만든다.

3
움츠린 놀이의
날개를 펴라!

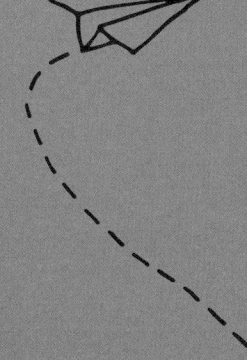

매일매일이 똑같다는 말, 지루해 죽겠다는 말은 이제 그만!
유쾌! 상쾌! 통쾌!한 세계를 꿈꾼다면, 이제 놀기 시작하자.
더 힘이 세지고, 더 풍요롭고, 더 행복하기 위해.
삶의 규칙을 바꾸는 놀이. 내 안의 욕망을 발견하고, 아무도 말해준 적 없는 미래를 실험하는 놀이. 가슴 벅찬 경이로움으로 세상을 배우고, 마주치는 모든 것을 친구로 만드는 놀이를.
함께 나눌수록 풍성해지는, 참을 수 없는 즐거움의 힘으로!

1
노동과 소유의 욕망에서 탈주하기

• 이것은 놀이가 아니다 •

온라인게임을 한 지 어언 5년이 다 되어가네요. 그 동안 많은 게임을 해봤지만 그 게임은 제 경험에 의하면 아이템빨을 우선으로 하다보니까 너무 집착을 하게 되더라구요. 그래서 팔아버렸죠. 텔레비전에 나왔던 것 같은 살인이 나에게도 일어날까 봐 -_-; ―어느 네티즌의 글

윗글은 어떤 온라인게임이 재미있냐는 질문에 대한 인터넷 게시판의 한 대답이다. 혹시 여기서 말하고 있는 '텔레비전에 나왔던 살인'을 기억하고 있는지. 한 게임 중독자가 게임상에서 자기의 캐릭터를 죽인 사람을 찾아가 실제로 칼로 찌른 사건이 벌어졌다. 그야말로 놀다가 사람을 죽인 거다.

사건의 배경이었던 게임은, 우리들이 즐겨하는 롤플레잉게임(RPG) 중 하나이다. 신문 기사에 따르면 그 게임에 월 1회 이상 접속하는 사람이 220만 명, 사용자로 등록된 사람만 해도 3천만 명에 달한다고 하니 어마어마한 숫자의 사람들이 모니터 안에 자신의 분신을 가지고 있는 셈이다. 그런데 문제는 살인이라는 극단적 경우가

아니더라도, 게임 속의 아이템이 실제 현실에서 고액의 현금으로 거래되거나, 300~400만 원을 받고 남의 캐릭터를 죽여주는 청부 살인이 일상적으로 일어났다는 점이다.

당연히 많은 어른들이 신문이나 방송을 통해 폭력적인 게임이 청소년에게 미치는 악영향에 대해 근심했다(심지어 미국의 시사 주간지 『타임』이 한국에서 관찰되는 그 게임의 악영향에 대해서 다룬 적도 있을 정도이다). 하지만 서로 승부를 겨루고 상대를 죽이는 게임은 사실 아주 오래 전부터 있었다. 고전적인 비행기 게임에서부터 격투기 게임에 이르기까지. 그러나 게임 안에서 서로 격투를 벌인 사람들이 실제로 원한 관계에 들어서는 기이한 현상은 최근에 생긴 것이다. 그러니 가상현실의 폭력을 비판하는 것은 문제를 너무 단순화시키는 것이 아닐까? 이렇게 묻자. 어쩌다가 가상과 현실이 서로 뒤섞여버렸을까?

게임 속의 싸움이 현실적인 증오로 이어지고, 일상을 다 접고 눈이 벌게지도록 모니터만 들여다보는 폐인들이 대거 등장했다. 현금 거래는 물론 사기와 폭력, 원조교제와 살인까지도 그 게임을 둘러싸고 일어났다. 대체 왜 이런 일이 생긴 걸까? 단서. 그 게임은 '더 많이 일해서 더 많은 돈을 벌라'는 규칙을 갖고 있다. '놀이'를 삭제한 우리 사회의 절대 목표인 '더 많이 만들고 더 많이 가져라'가 온라인게임의 규칙이 되자마자, 그곳은 더 이상 아무도 놀 수 없는 전쟁터가 되어버린 것이다.

누군가를 몽둥이로 쳐서 죽이면, 상대방의 아이템은 내 것이 된

게임 중독

게임 중독과 노동 중독은 얼마나 다를까? 한 논문에 의하면, 온라인 게임 폐인이 생겨나는 이유는 '레벨업'(단계 향상)을 자기 목적으로 삼기 때문이라고 한다. 그렇다면, 이것은 놀이가 아니다.

다. 서로 합의 하에 싸웠다면 결투일 것이고, 뒤에서 치면 강도짓이다(뭐, 강도짓은 게임상에서도 불법이지만 남들도 다하는데 어쩌라구!). 아이템을 많이 모을수록 나는 더 강해지고, 더 많은 돈을 벌게 된다(빈익빈 부익부!). 힘이 없어 계속 얻어맞고 고생 끝에 획득한 아이템을 얻는 족족 빼앗기는 동안, 비참함보다 더한 분노가 끓어오른다. 약이 오르니, 몇 날 며칠 날밤을 새고 그것도 모자라 현금으로 거래되는 아이템이라도 사서 캐릭터를 키운다. 그렇게 힘들게 키운 캐릭터인데 누구한테 살인·강도라도 당하면 천추의 원한이 생기는 건 당연하다(들인 시간과 돈과 노력이 눈물겨울수록 더욱 그렇다).

혼자서는 안 되겠으니 사람들을 모아 혈맹을 꾸린다. 사람들을 많이 모아서 만든 혈맹일수록 여러 가지를 할 수 있다. 일단 좋은 아이템이 나오는 사냥터를 24시간 내내 보초를 서며 지킨다(딴 놈들이 접근하면 때려죽여! 근데 이거 조폭 아닌가?). 좀 자신이 붙으면 새벽을 기해 남의 성에 쳐들어간다. 성을 가진 성주는 성 안에서 장사하는 사람들에게 세금을 받는 등 엄청난 부와 권세를 누린다(물론 자기 혈맹에게 돈을 풀기도 해야 한다). 공격을 당하면 이 편에서도 바로 혈맹을 동원한다. 새벽 네 시에도 백여 명의 사람들이 당장 동원되는 걸 보면, 모니터 밖 현실에서도 성주의 권세는 여전히 대단하다(자다가도 전화를 받고 벌떡 일어나 컴퓨터 앞에 앉을 사람들을 상상해보라!).

"만인에 대한 만인의 투쟁." 홉스의 이 말이 딱 들어맞는 이곳은 또 다른 현실이다. 그 현실은 너무나 각박해서, 모두들 밤길 조심

해야 하며, 믿을 건 자기 자신과 돈밖에 없다(심지어 혈맹조차 내부의 배신자와 스파이에 의해 종종 깨진다. 누굴 탓하랴. 돈 많이 주는 쪽에 붙겠다는데). 사람들의 심성은 날이 갈수록 사나워져서, 이젠 이유 없이 아무나 죽이는 미친놈들도 빈번하다. 욕설이 난무하는 것은 물론이다.

『타임』지 그리고 게임 속의 폭력을 비판한 어른들은, 그것이 현실 그대로임을 보지 못했다. 아니, 어쩌면 현실의 폭력적인 규칙을 못 본 척하기 위해 문제를 가상현실에 투영해버리고 있는지도 모른다. 그 게임은 현실을 고스란히 재연하고 있으며, 그 게임의 문제는 단지 노동이 지배하는 현실의 규칙을 그대로 따랐다는 것뿐이다. 돈을 모으는 만큼 넌 강해지고 행복해질 것이니 빼앗고, 가지고, 모아라. 그러나 아무리 가져도 만족할 수 없으며, 성을 빼앗은 사람은 이제 그것을 지키기 위해 밤을 새운다. 이것이야말로 미래를 위해 죽어라 노동을 해야 하는 현실, 공포심으로 끝없는 노동을 감당하게 만드는 현실 그 자체가 아닌가. 그러니 정말로 걱정해야 할 것은 게임이 아니라 훨씬 더 거대한 현실이었던 셈.

이것은 놀이가 아니다(그러한 게임에서 아이템을 키워 파는 일은 중국까지 진출하는 어엿한 사업이 되었다). 모니터 안에 만들어진 것은 놀이가 추방된 또 다른 세계다. 우리들은 그 세계에 집착하고, 아이템을 모으고, 자기를 지키기 위해 전전긍긍하면서, 놀랍게도 그것이 놀이라고 착각한다. 모으고 가지고 집착하는 삶의 규칙은 어느새 놀이마저 전쟁으로 만들었다.

• 새로운 욕망의 놀이를 꿈꾸며 •

"이런 예는 또 있지! 북서부 아메리카의 문장(文章)이 그려진 동판과 사모아섬의 돗자리는 포틀래치 때마다. 그러니까 선물로 증여될 때마다 그 가치가 커진다는 것일세! 결국 선물을 순환시키는 건 물건의 유용성이 아니란 건데, 그럼 그게 무엇이겠나?"
"그건 바로 선물 증여로 인한 접촉에서 생기는 다양한 관계, 그리고 그 관계가 불러일으키는 '흥분 자체'란 거지. 선물의 가치를 이보다 명백하게 보여주는 게 어디 있겠나? 선물의 가치는 그것이 얼마나 많은 관계를 생성하고 창출하는가에 따라 결정된다는 것!" ─ 윤영실, 『선물, 경제 너머를 꿈꾸다』에서

즐겁기 위해서 놀기 시작했는데, 어느새 그게 이상하게 변해 있는 경우를 종종 발견한다. 놀다가 살인까지 하게 되는 저 게임들처럼. 하지만 점수에 연연하며 싸우는 경쟁의 놀이라면, 우리가 그렇게 치를 떠는 교실의 규칙과 무엇이 다를까? 모든 걸 경쟁으로, 점수로, 생사의 규칙으로 만드는 놀이에서 웃는 사람들 뒤엔 언제나 빼앗기고 진 사람들, 낙오자들이 있을 수밖에 없다.

슬프게도 우리는 이미 빼앗고 경쟁하는 규칙들에 너무 익숙해져 있다. 그러나 잊지 말자. 등수를 가르는 게 전부인 교실의 규칙, 좋은 학교와 좋은 직장에 들어가고 남들보다 많이 가져야 더 잘 살 수 있다는 규칙이 인간에게 당연한 삶의 방식은 아니라는 것을. 남보다 더 많이 갖겠다는 욕망은 오히려 '노동의 세계'가 만들어낸 아주 특수한 마음가짐이다.

뉴기니의 한 부족은 축구 경기를 아주 색다르게 한다. 우연한 기회에 서양의 축구를 접한 그들은 나름대로 게임의 규칙을 바꿔버

렸다. 바뀐 규칙이란 바로 양 팀의 승부가 똑같아질 때까지 며칠이고 축구를 계속 한다는 것. 공 차다가 밥 먹고, 좀 쉬다가 또 차고, 자고 일어나서 또 차고. 우리가 보기엔 상당히 황당한 일이 아닐 수 없다. 세상에 그게 무슨 축구냐고 비웃을 수도 있다.

하지만 생각해보자. 축구 강국 브라질에서는 이길 줄 알았던 시합에서 지는 바람에 수비수들이 몇 주 동안이나 집 밖으로 못 나온 일이 있었다고 한다. 온 나라가 초상집이었고, 분에 못 이겨 자살한 사람까지 있었다. 콜롬비아에서는 월드컵에서 자책골을 넣은 축구 선수가 귀국 후 기관총으로 살해당한 일도 있다. 우리만 해도 우리나라 대표팀이 일본과의 경기에서 지기라도 하면 하루 종일 기분이 나쁘다. 어느 쪽이 황당한 걸까? 승패에 집착한 나머지 축구가 이기지 못하면 차라리 죽어야 할 살벌한 경쟁이 되어버린 것과, 그것을 며칠 동안의 축제로 바꿔버린 뉴기니의 부족을 비교할 때 말이다.

아메리카 인디언인 다코타족에게는 전투조차 단지 놀이일 뿐이라고 한다. 전투가 놀이라니! 상상도 되지 않는다. 전쟁이란 영토를 확장하고, 상대를 말살하거나 노예로 만드는 거 아닌가? 그게 어떻게 놀이가 될 수 있지? 이유는 간단하다. 인디언들에게 대지는 신이 우리에게 빌려준 것일 뿐 누구의 소유도 아니니, 영토를 소유하기 위한 전쟁이란 있을 수 없기 때문이다. 삶 그 자체를 신이 준 선물로 여기는 인디언들에게, 전쟁은 호연지기(浩然之氣)를 키우기 위한 놀이다. 이런 전쟁에서는 사람을 얼마나 많이 죽이는가가 아니라 얼마만큼 위험을 무릅썼는가가 명예의 기준이 되고, 포로는 융숭한 대접을 받은 뒤 집으로 돌아간다.

원시 공동체에서는 '선물'이 무엇보다 중요했다고 인류학자들은 말한다. 선물이야말로 나와 너를 넘어 '우리'를 만드는 중요한 힘이기 때문이다. 물건을 사고팔면서 우리가 으레 이익과 손해를 계산하는 것과 달리, 선물에서 중요한 것은 아량과 관대함이며 그것을 통해 얻어지는 명예이다. 물건을 주고받는 방식의 차이가 전혀 다른 욕망을 만들어낸다. 그렇기에 이 공동체들은 선물을 위한 수많은 놀이와 축제를 고안해냈다.

인상적인 사례를 하나 살펴볼까? 북아메리카 인디언들은 아주 이상한 축제를 연다. 남에게 물건을 퍼주고, 더 많이 퍼준 사람이 이기는 포틀래치(potlatch)라는 축제-게임이다. 주다주다 못 주면 아예 물건들을 바다에 버리고 불태운다고 한다. 이럴 수가! 더 많이 퍼준 사람이 이긴다니! 심지어 물건을 마구 버린다니! 당장 뛰어가서 마구 져버리고 싶지 않은가? 하지만 그게 꼭 그렇지가 않다. 조금만 생각해보면 금방 알 수 있다.

텔레비전에서 음식과 파이를 집어던지는 난장판 결혼식을 본 적이 있다. 음식이 아깝다는 생각도 좀 들 뻔했지만, 결혼식을 주례한 신부님까지 음식 세례 속에서 정신 나간 것처럼 뛰어다니는데, 어찌나 재밌어 보이던지! 그런데 만약 거기에 음식이 아깝다고, 몰래 자루에 담고 있는 사람이 하나 있다고 생각해보자. 아마 그런 사람이 두어 명만 있으면 김은 팍 새고, 축제는 그 자리에서 흐지부지 끝나버릴 게 뻔하다.

훌리건

"영국 국기에 검은 색은 없으니, 깜둥이들은 꺼져!" 한 무리의 훌리건들이 부르는 응원가의 일부이다. 통일된 복장, 빡빡 민 머리. 투견이나 무기가 그려진 엠블렘(문장[文章])으로 자신을 상징하고, 유색인종 선수들에게 오물을 던지고 칼과 쇠파이프를 휘두르는 그들. 우리는 어째서 놀이마저 전쟁으로 만드는 것일까?

아깝다거나 뭐가 얼마나 이익이라거나 하는 식으로 생각할 때, 남에게 퍼주는 행위는 이미 정신 나간 짓이 되어버린다. 하물며 내가 많이 가져야 이기는 거라면, 그건 게임도 축제도 될 수 없음을 우린 이미 살펴보았다. 그러니까 자기가 가진 걸 나누고 버리는 이 축제의 규칙은 앞에서 본 롤플레잉게임과는 정반대인 셈. 이 요란법석한 놀이는 모으고 경쟁하는 것이 인간의 당연한 본성이라고 주장하는 우리의 현실과는 아주 다른 욕망을 만들어낸다.

놀이마저 전쟁의 규칙을 가지고 하는 우리에게, 물건을 나눠주고 버리는 인디언들의 축제, 무승부가 될 때까지 며칠이고 계속되는 축구, 포로를 융숭하게 대접하는 전쟁은 다 정신 나간 짓처럼 보인다. 하지만 놀이마저 전쟁처럼 하는 것과 전쟁마저 놀이로 만드는 것 중 어느 쪽이 이상한 걸까? 우리는 빼앗고 경쟁하는 규칙들에 너무 익숙해졌지만, 모두가 경쟁하고 싸워 이겨야만 잘 살 수 있다는 규칙이 당연한 삶의 방식일 리는 없다. 삶을 온통 축제로 바꾸고 전쟁마저 놀이로 만들 것인가, 아니면 놀이마저 전쟁이 되어버리는 삶을 살 것인가? 다행히도 우리 곁에는 새로운 욕망의 소통을 꿈꾸는 놀이꾼들이 많이 있다.

• 재미로 바꿔놓은 소유의 규칙 •

리처드 스톨만은 1984년 유닉스를 대체할 수 있는 운영체제를 만드는 작업에 착수했다. 소위 GNU 시스템이라 불리는 운영체제 말이다. GNU는 'GNU는 유닉스가 아니다'(GNU is Not Unix)를 상징하는 말로, 문자 중에 있는 하나가

> 머리글자를 나타내는 단어 그 자체를 의미하는 '반복 머리글자어' 이다. 그것은 컴퓨터과학을 하는 사람들 사이에서만 통용되는 일종의 조크였다. 괴짜, 괴짜 인 우리들의 일상은 모든 것이 '재미' 를 위한 것이다.
> ―리누스 토발즈, 『리눅스, 그냥 재미로』에서

1981년, 빌 게이츠가 MS-DOS를 만들어 독점적으로 팔기 시작하자, 스스로 새로운 운영체제를 만들어버린 사람들이 있다! 최초의 해커들 중 한 명이었던 리처드 스톨만과 핀란드의 괴짜 대학생 리누스 토발즈. 그들은 자유롭게 복사하고 사용할 수 있는 자유 소프트웨어(free software)를 활성화시키고, 누구나 사용할 수 있는 개방적인 운영체제를 만들었다.

그들이 만든 운영체제의 가장 커다란 특징은? 누구든지, 언제든지 바꿀 수 있다는 것! 그들은 프로그램에 대한 지적재산권을 포기한 채 모든 소스를 공개한다. 아무나 다운받아 쓸 수 있을 뿐 아니라, 새로운 아이디어를 보태 업그레이드할 수 있게 한 것이다. 즐거운 놀이는 날렵하게 제 몸을 바꾸면서만 계속될 수 있다는 걸 간파하고 있었던 것이다. 그들에게 바꿀 수 없는 규칙이 있다면 단 하나였다. 많은 사람과 함께 더 즐겁게 놀 수 있어야 한다. 정보를 공유하고 함께 즐길 때 웹은 훨씬 즐거운 놀이터가 되니까!

정보를 독점하고 사업을 하면 빌 게이츠처럼 엄청난 돈을 벌 수도 있었을지 모르는데 아깝다고? 그들은 정말로 컴퓨터로 노는 사람들이었다. 리누스 토발즈는 새로운 운영체제를 프로그래밍하는 그 모든 과정이 자신에게는 '그냥 재미'였다고 말한다. "아름다운 방법으로 문제를 풀 수 있는 방법을 몰라 3일 동안 머리를 벽에 부딪쳐가며 고민하는 게 얼마나 매력적인 일인지 설명하는 것은 여전히 어려운 일이다. 하지만 당신이 한번 그런 과정을 거쳐 문제를 풀어 더 나은 방법을 발견하고 나면, 당신은 그것이 세상에서 가장 근사한 경험이라는 것을 알게 될 것이다."

그러니 모든 정보를 개방함으로써 누구나 업그레이드할 수 있도록 만든 이 운영체제는 세계 각지의 해커들에게 보내는 함께 놀자는 손짓이었던 셈. 리누스 토발즈가 만든 운영체제인 리눅스에 대한 열기는 뜨거웠고 매일 세계 각지에서 수많은 개선안들이 도착했다. 그러한 공동 작업을 통해 리눅스는 점점 흥미로운 운영체제가 되어 갔다.

카피라이트(저작권)에 대항하는 카피레프트 운동 또한 리처드 스톨만이 시작한 세상을 바꾸는 놀이이다. 권리 혹은 오른쪽을 뜻하는 'right'를 말장난처럼 'left'로 슬쩍 바꾼 이름의 이 운동은 자본주의 사회의 가장 강력한 규칙인 '내 것'을 '우리 것'으로 바꾸기 위한 시도였다. 정보를 독점하고 팔아서 이윤을 남기려는 자본주의적 규칙의 틈새를 파고든 그의 싸움은 사이버 세계의 모두를 친구로 만들었으며, 거대 기업이 장악하려 하는 사이버 세계의 규칙을 바꾸기 위한 혁명적인 놀이가 되었다!

새로운 규칙을 만들어낸 이 멋진 해커들의 놀이가 보여주듯이, 새로운 규칙을 발명하는 놀이들은 우리 마음의 흐름, 욕망까지도 바꾸는 강력한 힘을 갖는다. '나의 것'에서 '우리의 것'으로, '이익'이

리처드 스톨만
'20세기 마지막 해커'라고 불리는 전설적인 프로그래머. 정보와 지식, 소프트웨어는 자유롭게 공유되어야 한다는 것이 일평생을 컴퓨터로 놀아온 그의 신념이다.

아닌 '즐거움'으로. 물론 커다란 기업들은 이러한 놀이의 흐름을 차단하고 다시 이윤의 규칙을 작동시키려 하는 데 여념이 없다. 전세계의 사람들이 자유롭게 접속하고 자신이 가진 것을 나누는 거대한 공동 저장소였던 냅스터는 오랜 소송 끝에 결국 거대 기업에 인수되었다. 마이크로소프트나 아이비엠 같은 거대 독점기업들은 오픈소스 운동을 지적재산권 위반이라며 고소하고 있다. 그러나 누군가 말했듯이 냅스터가 사라진다 해도 더욱 막강해진 냅스터 클론(Clone)들이 등장할 것이다. 우리는 언제나 즐거운 놀이를 꿈꾸고 있으며, 냅스터를 만든 숀 패닝의 말처럼 그것이야말로 "공동체를 형성하는 가장 근사한 방식"이니까.

2
놀기, 온몸으로 세상을 바꾸기

• 너희가 힙합을 아느냐 •

놈들은 너의 심장을 움켜쥐고 너의 눈을 훔쳤다.
총과 폭탄으로 무장한 놈들.
작업대의 노동자들은 누구인가?
파티에 참가할 사람들은 누구인가?
불을 꺼라, 해적방송! 망할 것들을 바꿔버려!
주파수를 훔쳤다.
순환도로를 사수하라.
전압을 바꿔버려!
— 레이지 어게인스트 더 머신(RATM), 「게릴라 라디오」에서

놀이는 때로 자신과 자신이 놓인 삶을 온통 뒤바꾸려는 꿈이며, 삶에 대한 습격이기도 하다. 뉴욕의 할렘가에서 태어난 힙합이 그러했듯이. 지금 우리에게는 랩을 중심으로 한 음악과 패션으로 알려져 있는 힙합은 사실 1970년대가 끝나갈 무렵 시작된, 그야말로 끝내주게 멋진 놀이였다. 그리고 가장 피폐한 삶 속에서 움터 오른 그 놀이는 인상적인 공동체 문화를 형성한다.

미국 내 인종차별 문제가 굉장히 심각하다는 사실은 다들 알고

있을 것이다. 노예제가 폐지되고 법적인 차별이 사라졌다 해도 현실적인 차별은 여전히 남아 있으며, 대다수의 흑인 아이들에게 희망적인 삶의 가능성은 차단되어 있었다. 법 조항이 아무리 바뀐다 해도 미국은 여전히 완고하게 닫힌 사회인 것이다. 그것은 도무지 살 수가 없어 미국으로 건너와 불법체류자가 되는 길을 선택한 남미인의 아이들에게도 마찬가지였다.

더럽고 황폐한 할렘가에서 나고 자란 흑인과 히스패닉 아이들. 학교를 끝까지 다니는 경우는 드물었고, 마약과 권총이 일상을 위협하는 현실 속에 있던 아이들. 할아버지의 할아버지가 하얀 대륙 아메리카에 도착한 이후부터 몇 세대 동안이나 줄곧 가장 후미진 거리 뒷골목에서 가난한 이방인으로 자라야 했던 아이들. 그런데 이 아이들이 어느 날 불현듯 그 차가운 도시의 벽을, 언어를, 몸을 바꿔내는 놀이를 하기 시작했다.

삶이자, 삶을 습격하는 게릴라전이었으며, 삶을 바꿔내는 놀이였던 그래피티와 랩, 그리고 브레이크 댄스. 우린 이를 힙합(Hip Hop)이라고 부른다.

프로젝트① 그래피티, 도시를 점령하라! | 그래피티(graffiti)라고 불리는 거리의 그림을 모르는 사람은 아마 없으리라. 원색의 스프레이로 선 굵게 표현하는 이 감각적인 벽화는 이제 우리나라에서도 쉽게 볼 수 있다. 전세계적으로 거침없는 매력을 발산하는 이 근사한 문화를 만든 건 차가운 도시를 가지고 놀아버린 아이들이었다.

뉴욕의 그래피티

마커와 스프레이로 무장한 도시의 아이들은 거리의 벽, 경기장, 테니스장, 지하철 전동차, 이밖에 상상할 수 있는 모든 곳에 그래피티를 그렸다. 뉴욕시가 수백만 달러를 들여 낙서를 지우건 말건, 뉴욕 지하철 벽면을 낙서 천지로 만들었던 가출 소년 장 미셸 바스키아는 현대 미술계를 발칵 뒤집어놓는다.

도시의 가장 더러운 구석에서 자라던 아이들은 어느 날, 자신들을 외각으로 내몬 냉정한 도시의 피부에 자신을 표현하기 시작했다. '낙서'를 뜻하는 단어 '그래피티' 대신 '바밍'(bombing: 폭탄 투하)이라고도 불리던 이 놀이는 말 그대로 도시 전체를 향한 아이들의 폭격이었다. 죽은 도시, 삭막한 풍경, 빌어먹을 세상을 향한 폭격. 자신을 둘러싼 빈곤한 삶의 조건과 환경을 온통 놀이터로 바꿔버린 이 폭격들은 물론 불법이었다.

멋지지 않은가. 범죄와 예술의 경계에서, 강렬한 색깔의 스프레이와 페인트로 표현된 격렬한 에너지. 그 펄떡이는 이미지들은 후미진 골목, 다리 밑, 더럽고 상스러운 낙서로 가득 차 있던 음습한 지하철 내부의 차가운 콘크리트 벽을 온통 뒤덮어버린다. 그것은 삶 전체를 뒤흔드는 낙서였으며, 도시의 구석구석까지 풍경을 온통 바꿔내는 놀이였던 것. 뉴욕시는 이를 단속하기 위해 총력을 기울였지만, 추격을 따돌리고 틈새를 빠져나가는 놀이를 막는 것은 역부족이었다. 뉴욕시는 결국 그래피티를 전면적으로 허가하고, 뉴욕 지하철 전동차에 '폭격'을 하는 것까지 용인할 수밖에 없었다.

프로젝트② 랩, 우릴 지배하는 말 따위는 저리 꺼져! | 문법에 맞게 말해! 바르고 고운 말을 써! 교과서와 선생님, 우리를 지배하려 드는 세상의 규칙은 요구한다. 그러나 바르고 고운 말이 대체 뭐람? 말은 언제나 또 다른 규칙과 새로운 의미를 만들어내는 '활동'이며, 교과서의 문법은 늘 다시 만들어지는 말의 규칙을 '대충' 정리한 것

일 뿐. 한글(훈민정음)로 쓴 최초의 작품인 『용비어천가』가 만들어졌을 때부터 지금까지 말은 얼마나 화려한 변신을 거듭해왔던가.

의지와 상관없이 미 대륙에 오게 된 흑인들이 제일 먼저 했던 것 또한 그들을 지배하려는 백인들의 언어 규칙을 슬쩍 바꾸고 새로운 말을 만드는 것이었다. '블랙 잉글리시'(Black English)라는 말이 생길 정도로 강렬하게 영어의 몸을 바꿔버린 그들의 언어는 기존의 문법을 온통 뒤흔들며 새롭게 살아 숨쉬기 시작한다. 당황한 백인들은 흑인 영어를 교양 없고 무식한 것으로 깎아내리기에 급급했지만, 흑인 영어는 랩을 타고 온 세계로 흘러넘치기 시작했다.

그런고로 우리에게조차 익숙한 흑인 영어는 의외로 아주 많다. 영화에서 아주 익숙하게 들어온 인사말인 "What's up?"은 교양 있는 백인 교수라면 눈살을 찌푸리고 말 흑인 영어의 대명사이며, 'Bad'라는 단어를 '나쁜'이라는 의미가 아니라 '죽이는, 끝내주는'이라는 반어적 의미로 사용하는 것도 마찬가지이다. 발음에서부터 문법까지 자신들을 지배하려는 모든 명령을 거부하고 조롱하며 시작된 이 말놀이는 급기야 힙합의 리듬을 타고 전세계에 울려 퍼진다. 욕설마저 저항의 시로, 노래로 바꿔내면서 말이다. 언어의 규칙을 장악하고, 규칙의 주인이 되는 말-놀이의 힘.

언어를 몇 가지로 분류하고 규칙을 만든 뒤 이 규칙만 사용해야 한다고 강요하는 것이 지배자의 언어라면, 지배자의 말을 전혀 다른 언어로 바꿔버리는 것은 가장 적극적인 저항일 것이다. 규칙을 장악하고 교란하는 자가 놀이의 주인이 된다는 것을 랩은 분명하게 보여준다. 언제나 몸을 바꾸며 자신의 놀이를 계속하는 변화무쌍한 말의 주인이 될 것인가, 문법이라는 규칙에 꽁꽁 묶인 채 굳어 있는 죽은 말의 노예가 될 것인가?

프로젝트③ 브레이크 댄스, 온몸으로 놀기! | 힙합 비트에 맞추어 현란하고 과감한 동작을 구사하는 거리의 춤 브레이크 댄스는 '비보잉'(B-boying)이라고도 불린다. 최초의 힙합 MC인 자메이카 출신의 DJ 쿨 허크가 브레이크 비트를 들으며 춤을 추는 아이들을 'B-boy'라고 부르면서 시작된 이름이다. 이 이름은 '뛰어오른다'는 뜻의 아프리카어 'boing'을 뜻하기도 한다.

유럽 대부분의 언어들에서 놀이는 '도약'이나 '빠른 움직임' 등의 어원을 갖고 있다. 파도처럼 물결치고, 물고기처럼 팔딱거리고, 새처럼 날아오르고, 불꽃처럼 날름대는 모든 아름다운 도약이야말로 놀이의 출발점이기 때문이다. 살아 있음, 묶여 있지 않음, 비상하는 모든 것, 자유의 움직임인 놀이.

길을 가득 메운 음악 소리. 아이들이 춤을 출 때, 두근거리는 심장의 강렬한 비트가 장악하는 거리는 온통 축제가 되어버린다. 거리를 박차고 구르며 날아오르는 이 아이들은 몸의 가능성을 실험하는 중이다. 믿을 수 없을 만큼 리드미컬한 근육과 관절의 움직임. 온몸으로 놀고 있는 거리의 아이들에게서 몸은 그 자체로 가장 근사한 표현이자 예술이 된다.

「8마일」의 한 장면

아버지가 집을 나간 뒤, 에미넴은 약물에 찌든 어머니와 함께 디트로이트 근교와 시내의 허름한 트레일러를 전전하며 살았다. 너무 가난했던 그는 15살 때 학교를 그만뒀다. 지리멸렬한 일상 속에서 그가 찾은 구원은 랩 음악. 가진 것 없고 배우지 못한 '백인 쓰레기'였던 에미넴은 랩을 발견하면서 다시 태어난다.

프로젝트④ 힙합은 흑인만의 것이 아니다! | 그러나 힙합은 결코 흑인들만의 것으로 남지 않았다는 것, 이것이 중요하다. 백인 래퍼 에미넴의 자전적 이야기인 영화「8마일」은 랩이 결코 한 인종의 것이 아님을 말해준다. 대도시 주변부의 빈민가를 채우고 있는 것이 대부분 흑인과 히스패닉들인 탓에 힙합은 태생적으로 '인종적'인 유대감에 근거할 수밖에 없는 것처럼 보이기도 한다. 실제로 영화에서도 래퍼인 주인공은 백인이라는 이유로 흑인 래퍼들에게 놀림을 당한다. "어이, 흰둥이! 니가 무슨 래퍼냐? 넌 엘비스 프레슬리잖아!" 인종차별의 역전!

그러나 이러한 역차별이야말로 기존의 낡은 세계에 대한 저항인 힙합 정신에 결정적으로 위배된다. 힙합은 흑인이나 히스패닉만의 것이 아니라 가지지 못한 자, 빼앗긴 자, 소외된 자 모두의 것이기 때문이다. 그것은 맨몸뿐인 그들의 무기이고, 빌어먹을 세상을 향해 쏘아대는 폭격이며, 세상의 규칙을 교란하고 바꿔버리는 놀이이다. 영화에서 주인공은 삶이 지긋지긋해지는 순간마다 랩을 읊조린다. 랩은 곧 강렬하게 부풀어 오르며, 그를 삶의 노예가 아닌 삶의 주인으로 만든다.

'도무지 벗어날 수 없어 보이는 가난과 비탄의 동네 8마일'이 사람답게 살 수 있는 곳이 되길 '함께 꿈꾸는 자'들에게, 힙합은 삶을 버티고 즐길 수 있는 것으로 만드는 에너지다. 지금 우리의 세상을 묶고 있는 규칙을 박차고 날아오르려는 자들은 언제나 세상을 바꾸는 놀이를 하고 있다.

존 레논

존 레논은 「이매진」(*Imagine*)이 종교와 민족, 인습과 자본을 뛰어넘기 위한 노래라고 말한다. 당시 전세계를 뜨겁게 달구었던 68혁명의 최대 구호는 바로 "All Power to the Imagination!"(모든 권력을 상상력에게로!)였다.

• 꽃의 사람들, 꽃을 든 혁명 •

상상해보세요 모든 사람들이 오늘을 위해 사는 것을
상상해보세요 국경이 없는 세상을
상상해보세요 모든 사람이 평화스럽게 사는 것을
상상해보세요 소유가 없는 세상을
상상해보세요 모든 사람이 이 세상을 함께 공유하는 것을
그대는 나를 몽상가라 부를지 모르지만 나는 혼자가 아닙니다.
언젠가 당신도 우리와 함께 하길 바랍니다.
그러면 세상은 하나가 될 겁니다.
―존 레논, 「이매진」에서

당신들이 전쟁이나 일삼고 우리의 주장에는 귀도 기울이지 않는다면, 우리 스스로 다른 세상을 만들겠어! 여기, 어른들이 만들어놓은 사회의 바깥에 대안적인 공동체를 직접 만들었던 아이들이 있다. 1960년대 미국에서는 적어도 수만 명의 젊은이들이 가정과 학교를 떠나 황무지에서 직접 망치와 톱을 들고 집을 짓고, 땅을 일구었으며, 매일 밤 축제를 벌였다. 사랑과 평화, 행복만이 규칙인 유토피아를 만들기 위해서!

　자본주의 사회가 폭발적으로 성장하고, 미국이 베트남을 상대로 엄청난 규모의 광기 어린 전쟁을 벌이고 있었던 1960년대. 미국에는 억압적인 모든 것으로부터 벗어나 완전한 자유를 추구하는 젊은이들이 등장한다. 히피(Hippie)라고 불린 이들은 노동과 성과를 최고의 미덕으로 여기는 자본주의 사회, 전쟁이나 벌이는 국가, 모든 차별을 거부하고 자연 속에서 조화롭게 사는 공동체를 만들기 시

히피들의 베트남반전운동, 런던(위)과 워싱턴(아래)

1966년부터 69년까지 전세계 각지에서 사람들은 전쟁을 반대하고 평화와 사랑을 외치며 걷고 노래했다. 플라워 무브먼트(flower movement)라고 불렸던 이 아름다운 비폭력 직접 행동은 장내 정리를 위해 동원된 경찰들까지 헬멧에 꽃을 달게 할 만큼 강력한 감염력을 갖고 있었다.

작했다. 그들은 외친다. 무엇보다 중요한 것은 행복한 현재다! 우린 노동하지 않고, 소비하지 않겠어! 필요한 건 직접 만들고, 노래하고 춤추며, 함께 나누는 삶을 살 테야! '꽃의 아이들'(flower children)이라고도 불리는 이 청년들은 베트남전쟁에 반대하는 행진을 하는가 하면, 국방성 건물의 외곽을 꽃으로 장식하기도 했다. 총과 무기가 아니라 노래와 꽃, 즉 평화만이 세상을 바꿀 수 있다고 믿었던 것이다.

1967년 샌프란시스코에서 히피들은 '사랑의 여름'(Summer of love)이라는 이름의 거대한 축제를 연다. 축제는 몇 개월이나 계속되었다. 다채로운 퍼포먼스는 공연자와 관람자의 경계를 허물었고, 열광하는 관중과 공연자가 한데 어울렸다. 그들은 이렇게 말한다. "우리는 인간을 자기 자신으로부터 소외시키는 사회와 결별해야 한다. 그리고 그런 결별을 가능하게 할 젊음의 에너지를 만들어야 한다. 그럼으로써 우리는 자기의식에서 소외되지 않을 권리, 자기 몸을 소유할 권리, 즐거움을 추구할 권리, 그리고 의식을 확장할 권리를 획득할 수 있을 것이다. 서로 투쟁하고 질시하는 세상의 모든 사람들에게 우리는 사랑과 연민을 표한다."

그 여름 샌프란시스코에는 10만 명 이상의 젊은이들이 모여들었으며, 여름 내내 반전 집회와 공연이 이어졌다. 당연히 비슷한 수의 경찰과 FBI요원들이 그곳으로 왔다. 점점 더 커져만 가는 이 거대한 베짱이 무리를 도무지 그냥 두고볼 수 없었기 때문이다. 당시 캘리포니아 주지사였던 로널드 레이건은 히피들이 공산주의적인 음

우드스탁 페스티벌
'Three Days of Peace & Music' (평화와 음악의 3일)이라는 기치 아래 수십만 명이 모여 만들어낸 해방구 우드스탁.

모를 숨기고 있다고 주장했고, 경찰은 닥치는 대로 젊은이들을 체포하며 집회를 해산시키려 했다. 경찰 권력을 앞세운 기성 사회의 집요한 공격에 의해, '하이트애슈베리'를 비롯한 많은 히피 공동체들이 무너지고 만다.

그러나 놀고자 하는 열망은 결코 사라지지 않는 법! 히피들은 누구도 상상하지 못한 순간, 다시 한번 축제를 벌인다. 1969년 여름에 열렸던 전설적인 록의 축제 '우드스탁 페스티벌'이 바로 그것이다. 사실 당초 이 공연은 상업적으로 기획된 것이었으며, 점잖은 재즈와 포크 공연으로 준비되었다고 한다. 공연은 첫날부터 예상치 못한 방향으로 흘러갔다. 엄청난 교통체증으로 인해 스타들이 제시간에 도착하지 못한 데다가 난데없이 폭우까지 쏟아진 것이다. 그러나 진창이 된 공연장에서 관중들은 진정한 축제를 벌이기 시작했다. 3일 내내 곳곳에서 자발적인 페스티벌이 열렸다. 사람들은 떼 지어 다니며 노래를 부르고, 진창 속에서 구르고 놀았으며, 아이처럼 발가벗은 채 수영했다.

당시 100만 명이 훨씬 넘는 인파가 우드스탁에 모였다고 한다. 전국 각지에서 자유를 찾아 모여든 청년들은 자발적으로 공동체를 꾸렸으며, 즐거움의 힘으로 3일 밤낮의 축제를 마쳤다. 우드스탁을 진정한 축제의 장으로 만든 것은 바로 이 젊은이들의 에너지가 아니었을까? 노동의 세계는 즐거움으로 가득 찬 공동체를 파괴하려 했지만, 놀이의 에너지는 가장 상업적인 의도로 만들어진 곳에서도 되살아날 수 있었다.

• 자본주의는 지겨워! •

당신은 자본주의가 지겹고, 평범한 집회에 지쳤는가?
당신은 권위를 조롱하고, 사람들과 함께 하는 걸 즐기는가?
당신은 극단적으로 바보 같은 모험을 오랫동안 찾아왔는가?
비밀 반정부 광대반란군은 이 대오에 함께 할 바보들, 반란자, 급진주의자, 사기꾼, 배신자, 항명자, 불평불만자를 찾고 있다.
— 비밀 반정부 광대반란군(www.clownarmy.org)

가끔 텔레비전 뉴스에서 집회 장면을 본 적이 있을 거다. 어른들은 혀를 쯧쯧 차며, 대학생들이 하라는 공부는 안 하고 데모질이나 하냐라느니, 뭐 그런 말들을 하실 거고 말이다. 그러나 편견을 갖기 전에, 그들이 왜 거리로 나왔는지, 무엇을 요구하고 있는 건지 귀 기울여보자. 커다란 신문사와 방송국이 모두 거대 자본과 국가의 소유일 때, 다른 말을 하는 유일한 방법은 거리로 나오는 것이다. 길고 끔찍했던 독재 정권을 무너뜨린 것이 바로 거리로 쏟아져 나온 사람들의 힘이었듯이. 2006년 프랑스에서 많은 노동자들을 비정규직으로 고용하기 위한 법이 만들어지려고 했을 때, 노동자들뿐 아니라 미래의 노동자인 중고등학생들까지 거리로 나와 노동법 개악을 막았다는 사실은 알고 있는지?

오히려 문제는 그러한 집회의 풍경들이 종종 지루해 보인다는 것이다. 줄 맞춰 앉아 있는 사람들 앞에 누군가 나와서 엄숙하게 연설을 한다(윽, 이 애국조회를 연상시키는 풍경이라니!). 그러다가 시가행진을 하고, 교통이 정체되고, 경찰과의 폭력 사태로 이어졌다는 뉴스가 방송된다. 이상한 일이다. 모두에게 노동의 삶을 강요하는 자본주의를 돌파하고 싶다면, 돈이라는 목표를 향해서만 질주하는 이 사회가 지겹다면, 그것에 반대하는 싸움이야말로 즐거워야만 하는 것이 아닐까? 너무 재밌어 보여서, 지나가던 사람들 모두가 그 싸움-축제를 함께 하고 싶어져야만 하는 것이 아닐까?

자! 여기, 놀면서 싸우는 사람들, 싸움을 놀이로 바꾸는 사람들을 소개한다.

세계에는 놀랄 만큼 많은 광대반란군들이 있다. 그들에게 집회의 현장은 언제나 놀이터다. 오만 가지 악기를 가지고 나와 연주를 하고 춤을 추며 뛰어 논다. 키가 큰 외발 자전거를 타고 무지개색 가발을 쓴 광대들이 거리에 나와 뽕망치로 경찰을 황당하게 만드는 장면을 상상해보라. 경찰들이 곤봉과 방패로 사람들을 진압할 때, 요정처럼 치장한 광대들은 깃털 곤봉으로 경찰을 간질이며 쫓아다닌다. 높으신 정치인 나리들의 전당대회에 어설픈 턱시도를 입고 참석해서 정치인들을 보호하는 경찰의 주머니에 가짜 돈다발을 찔러넣는가 하면, 집 없는 사람들을 위해 고급 호텔의 로비를 점령하여 한판 축제를 벌인다. 런던에서 시작되어 브라질, 덴마크, 독일 등 세계 곳곳으로 번져 나간 이 모임에 가입하는 조건은? 삶과 웃음을 반란만큼이나 사랑할 것!

나를 지루하게 만드는 모든 것과의 싸움이 언제나 축제가 될 수 있다면 얼마나 좋을까? 아니, 즐겁게 사는 것이야말로 지루한 세계에 대항하는 가장 멋진 싸움이 아닐까? 미국 뉴올리언스의 축제 문

광대반란군

지루한 세상과 싸우는 놀이꾼들에게는 가장 긴장되고 위험한 상황조차 희극으로 전환시키는 기지가 필요하다. 웃음으로 폭력적인 세상에 맞서는 광대반란군!

화에 관한 다큐멘터리가 있다. 1979년도에 제작된 이 다큐멘터리의 제목은 「언제나 즐거움을 위해」(Always for Pleasure). 18세기부터 스페인과 프랑스의 식민지 신세를 왔다갔다하다가 1812년 미국 영토가 된 이 거대한 항구도시는 재즈의 발상지이며 '마디그라'라고 불리는 카니발로도 유명하다. 독특한 것은 이곳 사람들의 삶의 태도. 이들은 축제를 위해 돈과 시간을 아끼지 않는다. 우리에게 케이준(cajun) 스타일로 유명한 뉴올리언스 음식은, 아무리 가난해도 음식만은 풍성하게 만들어 나누어 먹으며 삶을 만끽하는 뉴올리언스 사람들의 낙천성을 보여준다.

이들은 엄숙한 장례식마저도 계속되는 삶을 찬양하는 축제로 만든다. 관을 들고 장지까지 가는 행렬 맨 앞에는 대규모 브라스밴드(brass band)가 음악을 연주한다. 그 뒤를 따라가는 사람들은 브라스밴드가 연주하는 느린 음악에 맞추어 투스텝으로 행진한다. 관을 메고 장지까지 가는 행렬에서 사람들이 (비록 느리다고는 해도) 춤의 스텝을 밟는 것도 놀랍지만, 시신을 묻고 난 후 돌아오는 행렬은 온통 흥겨운 춤과 음악으로 벌어지는 축제가 된다. 하긴 조용하고 엄숙한 장례식이란 크리스트교에서 만들어진 전통일 뿐, 사실 우리네 장례식도 삶과 인생의 순환을 기념하는 하나의 축제가 아니었던가. 사흘 밤낮을 먹고 마시는 떠들썩한 난장, 화려한 꽃상여를 지고 노래를 부르며 고인의 저승길을 기리는 축제.

200년 전 뉴올리언스에 온 유럽의 사업가들은, 축제를 여는 데 쏟는 사람들의 열정을 엄청난 낭비라며 비난했다고 한다. 그들이 이

고란 브레고비치의 '웨딩 앤 퓨너럴 밴드'

참혹한 전쟁과 인종 갈등의 땅 발칸반도에서도 브라스밴드는 인생의 기쁨과 슬픔을 연주했다. 마을의 결혼식과 장례식에는 꼭 브라스밴드가 불려갔으며, 그들 덕분에 장지에서 돌아오는 길에서조차 사람들은 죽은 이의 영혼이 천국에 간 것을 축하하는 춤을 추었다. 다양한 집시음악이 관광객의 볼거리로 전락하며 변질되었지만 브라스밴드만은 길거리 집시음악의 활력을 간직할 수 있었다고 연주자들은 말한다. 금관악기를 불다 보면 침이 뚝뚝 떨어지고 바닥에 침을 뱉어야 하기 때문에 고급 레스토랑에서는 연주할 수 없었기 때문이라나.

러한 전통을 파괴하려 갖은 애를 쓴 건 말할 필요도 없으리라. 뉴올리언스는 모두를 개미처럼 인색한 일꾼으로 만들려는 이 세계의 힘에 좀더 오래 맞서 살아남았고, 그 동력은 물론 참을 수 없는 즐거움이었다. 그러나 잊지 말자. 즐거움은 결코 거저 주어지는 것이 아니다. 지루한 세계를 돌파하기 위해서 우리에겐 함께 놀 친구들, 힘센 상상력이 필요하다.

3
놀기! 시장에서 질주하기

• 세계는 커다란 두 개의 시장 •

사람들은 그들이 소유하고 있는 상품 속에서 자기 모습을 발견한다. 자신이 소유하고 있는 자동차와 하이파이 세트, 삼 층짜리 집, 부엌 시설 속에서 자신의 영혼을 발견한다. ─허버트 마르쿠제, 『일차원적 인간』에서

문제는 어떤 놀이도 곧 상품으로 바뀌버리는 이 세계의 놀라운 관성이다. 뉴올리언스 주 정부는 축제를 관광사업으로 만들기 시작했고, 대기업들은 자발적으로 축제를 준비하던 여러 단체들에게 스폰서를 제공하기 시작했다. 하긴 우리나라에서도 마찬가지였다. 2002년 월드컵이 광장으로 몰려나온 사람들이 만들어낸 거대한 축제였다면, 2006년 월드컵 땐 대기업들이 미리 광장을 점유한 채 축제를 상품으로 만들려 하지 않았던가. 모든 것을 노동으로, 혹은 돈 되는 상품으로 바꿔버리는 소비자본주의의 엄청난 힘.

인터넷 검색창에 '힙합'이란 검색어를 치면, 맨 처음에 뜨는 건 패션 쇼핑몰과 힙합 브랜드들이다. 심지어 좀 유명하다는 힙합 브랜드는 티셔츠 한 벌에 십만 원도 거뜬히 넘는 '럭셔리한' 가격을 과

시한다. TV를 보라. 힙합 스타일의 가수들이 부르는 노래가 언어의 새로운 의미를, 삶의 새로운 규칙을 만들어내고 있는 것 같지는 않다. 단지 커다란 바지를 헐렁하게 내려 입고, 그럴듯한 포즈를 잡을 뿐. 어떤 자발적인 놀이라도 기업이 제공하는 이벤트로, 패션 잡지의 스타일로, 쇼윈도 안에 진열된 상품으로 흡수될 수밖에 없는 것일까?

홍대 거리를 중심으로 한 몇몇 대학가에는 '클럽'이라 불리는 영업장이 있다. 저마다 독특한 분위기의 옷을 입은 10대 후반에서 20대 초반의 아이들이 찾는 클럽에선, 처음 그곳을 찾은 사람이라면 낯설기 그지없을 음악을 밤새 틀고, 아이들은 음악에 맞춰 되는 대로(!) 춤을 춘다.

소위 '클럽 문화'가 처음 생긴 곳은 영국. 원래는 빈 창고 같은 데에 모여서 밤새 음악을 듣고 춤을 추며 공동의 신체적·정신적 경험을 했다고 한다. 소비를 부추기는 자본주의 사회를 거부하며 일부러 거지 같은 복장을 하고 다니는 생태주의자라든지, 획일적인 도시 생활을 거부하는 떠돌이, 되는대로 아르바이트를 하며 손수 만든 독특한 누더기를 입고 다니는 히피들, 지루한 삶으로부터의 일탈을 꿈꾸는 직장인들까지 다양한 사람들이 모여들었고, 모여든 사람들은 어떤 사회적 구속과 차별도 없이 공동의 체험을 했다.

수많은 이질적인 사람들이 모여 만들어냈던 초기의 클럽-레이브 문화는 결코 사회 안에 갇히지 않는 탄성, 획일적인 삶에서 벗어나는 탈주의 에너지가 가득했다. 성실하게 일해서 뽀대나게 살라는

부엌 광고

우리의 욕망을 쉴 새 없이 자극하는 광고의 홍수 속에서 우리는 점점 늘어나는 '필수품'들을 사기 위해 끝없이 노동력을 팔아야만 한다. 영화 「파이트 클럽」에서 주인공이 말했듯이, "우린 필요도 없는 비싼 차나 고급 옷을 사겠다고 개처럼 일한다".

사회의 가르침과 무관하게 자기의 삶을 구성하려는 힘과, 독특한 방식으로 공동체를 생산하는 흐름이 만들어지고 있었던 것이다. 경찰이 급습하여 사람들을 해산시키는 일이 빈번할 만큼 위험스런 에너지를 내뿜으면서.

그러나 그 불온한 에너지조차 이제는 돈을 내고 소비하는 유행상품이 되었으니, 패션 잡지들은 클럽 문화의 '전복적인' 의의를 주욱 설명하고는 클럽에 갈 때 어울리는 히피룩이나 빈티지 패션을 특집으로 싣는다. 세상은 벌어진 틈새를 단단히 봉합하고, 우리의 놀이를 다시 테마파크 안에 배치하려 하는 것이다. 따박따박 구획해놓은 안전하고 견고한 사회에서만 아이들은 얌전한 학생으로 자라나, 열심히 일하는 건전한 노동자가 될 것이며, 주말이면 놀이공원과 백화점에서 견실한 소비자로 활약할 테니 말이다.

모든 놀이가 패션이고 상품일 때 그것을 소비하는 사람들은 노동에 매진할 수밖에 없다. 돈을 벌어야 하니까! 이 사회는 마치 거대한 두 개의 시장과도 같다. 첫번째 시장에서는 팔기 위한 물건들이 쉴 새 없이 만들어진다. 어디 물건들뿐인가? 이제는 물과 공기조차 사고파는 상품이다. 자본주의는 지구 위에 존재하는 모든 것을 상품으로 만들며, 심지어 존재하지 않던 욕망들까지 계속 생산해낸다. 얇고 커다란 벽걸이 TV를 소유하고 싶다는 욕망은, 오직 그것이 만들어지고 광고되는 순간에 생겨나는 것이다. 한편 또 하나의 시장에서는 어떤 생산수단도 가지지 못한 자들이 살기 위해 자신의 노동력을 판다. 그러나 살기 위해 필요한 것들은 점점 더 많아지고 있다.

너바나, 『네버마인드』

필사적으로 헤엄치는 아이를 유혹하는 것은 낚싯바늘에 걸려 있는 지폐이다. 이 거대한 자본의 왕국에서 사람들은 태어나는 순간부터 돈의 노예가 된다.

우리는 소비하기 위해 노동한다. 그리고 어느새 소비의 순간만이, 우리가 주인이 된 것처럼 느끼는 유일한 순간이 되어버렸다.

• 어느 록스타의 죽음 •

> 펑크록은 머리를 물들이거나 귀걸이를 하는 치장이 결코 아니다. 펑크란 그 스스로 노래, 연주, 프로듀싱까지 해낼 때 그 의미가 부여된다. 그렇게 되기 위한 자신만의 열정, 그것이 바로 펑크의 정신인 것이다. ─커트 코베인

너바나(Nirvana)라는 록그룹을 알고 있는지? '열반'이라는 뜻의 이름을 가진 이 그룹은 모두가 '록음악은 죽었다'고 생각하던 1990년대에 등장해 모든 사람들이 다시 록음악에 열광하게 만들었다. 그리고 그들의 인기와 영향력이 절정에 달해 있던 1994년, 그룹의 리더 커트 코베인이 자살함으로써 그야말로 전설로 남게 된다. 당시 『타임』지 커버에 커트 코베인의 사진과 함께 실렸던 문구는 "Death of a Rock God"(록의 신이 죽다!).

처음부터 '부정적인 세계에 대한 저항'으로 자신을 표현하며 존재했던 록은 1980년대 이후, 초기의 저돌적인 에너지를 잃은 채 점점 화려해지기만 하고 있었다. 자신을 새롭게 바꿔내는 것에 실패한 채 기교에만 몰두하는 록음악들을 보며 사람들은 록의 정신이 죽었다고 생각했다. 그러던 어느 순간 대중들 앞에 등장한 그룹 너바나는 투박할 정도로 단순한 몇 개의 코드만으로 강렬하고 생생한 에너지를 뿜어냈다. 사람들은 그들의 음악을 얼터너티브(Alternative :

체 게바라와 알베르토 코르다

쿠바의 혁명전사 체 게바라. 20세기 가장 유명한 상징물로 꼽히는 그의 사진을 찍은 것은 '알베르토 코르다'(Alberto Korda)라는 사진기자이다. 체 게바라는 정부군에게 총살되었지만, 사진은 혁명의 상징이 되어 전세계에 퍼져 나갔고, 무작위로 배포되는 사진에 대해서 코르다는 자신의 소유권을 주장하지 않았다. 코르다가 사진의 사용을 반대한 것은 단 한 번, 영국의 보드카 회사가 체 게바라의 사진을 광고에 이용했을 때이다. 그는 "체 게바라가 죽음으로 지켜냈던 그의 이상을 알리기 위해 전세계적으로 사진이 제작되어 배포되는 것을 싫어하지 않았다. 그러나 나는 단언컨대 이런 술의 판매를 위해 체 게바라의 이미지를 이용해먹는 행위를 반대한다"고 말했다. 재판은 결국 협상을 통해 회사가 코르다에게 5만 달러를 지불하는 것으로 끝을 맺었고, 재판에서 이긴 코르다는 그 돈을 쿠바 의료복지기구에 기증한다. 체 게바라도 이런 경우라면 나처럼 똑같이 했을 것이라면서. 코르다는 죽었지만, 한국에서 또 다시 체 게바라가 상품 판매에 이용되고 있는 것은 씁쓸하기 짝이 없는 일이다.

대안적인)록이라고 부르기 시작한다. 이들의 음악이야말로 록의 정신을 부활시키는 '대안'과도 같았기 때문이다.

그러나 음악으로 자유를 꿈꾸었던 그룹 너바나는 어느 순간 '스타'가 되어 있는 자신과 상품으로 팔리고 있는 자신의 음악을 발견한다. 고등학교를 중퇴한 후 동료들과 창고에서 합주를 하고, 단지 몇 명의 관객들 앞에서라도 공연을 하고 싶어서 닥치는 대로 아르바이트를 했던 커트 코베인은 어느새 하나의 그럴듯한 '이미지'로 대량소비되고 있었던 것이다. 화려한 '스타일'만 남아 있는 록을 거부하며 허름한 면티에 청바지를 입고 무대에 선 그들의 패션은 '그런지'(grunge : 지저분한, 보잘것없는)라는 이름으로 또 하나의 유행이 되었고, 특정 장르에 얽매이지 않은 그들의 음악에 비평과 음반 시장은 멋들어진 꼬리표를 붙였다. '집에서 합주를 할 때도 충분히 행복했던' 그들에게 따라온 성공 앞에서 커트 코베인은 이렇게 말한다. "성공? 성공에 딸려오는 것들이 나를 괴롭히고 있다. 정말이지 죽는 게 낫다고 생각할 정도이다."

그들이 남긴 걸작 앨범 『네버마인드』(Nevermind)의 커버 디자인은 유명하다. 갓 태어난 아이가 물에서 필사적으로 수영을 하고 있는 장면. 그 아이가 향하고 있는 것은 섬뜩하게도 낚싯바늘에 걸려 있는 지폐이다. 돈이 모든 것인 세계, 모두가 돈을 위해 움직이는 세계야말로 그들이 가장 혐오하던 것이었다. 그러나 어느 순간 그들은 잘 팔리는 인기 스타가 되어 있는 자신들을 발견했다. 돈의 규칙으로만 움직이는 세계를 벗어난 '열반'(Nirvana)을 꿈꾸던 자신의 음악이 상품이 되어 진열되고 그 진열장 안에서 한 발자국도 벗어날 수 없다고 생각했을 때 그가 있던 곳, 그의 '성공'은 그에게 얼마나 고통스러웠을까. 몇 개의 코드만으로도 가볍게 탈주하던 음악을 단숨에 상품으로 바꾸어 팔아먹는 세상에서 그가 계속 할 수 있는 것은 아무런 감동 없는 쇼일 뿐. 세계를 지배하는 백화점의 룰은 너무나 단단했다.

그러나 커트 코베인은 자살함으로써 그가 가장 원치 않았던 방식으로 세상에 남게 된다. 더욱 완전무결한 '록의 신'이 된 것이다. 권총으로 자신의 뇌를 부숴버려도 세계를 지배하는 룰은 바뀌지 않는다. 그는 '전설'이 되어버렸으며 '스물일곱의 나이에 자살한 천재 로커'라는 강렬하고 드라마틱한 이미지는 길이길이 판매될 테니, 세계의 무거운 규칙에서 벗어나기 위한 그의 마지막 시도는 결국 가장 잘못된 선택이었던 셈. 그렇다면 모든 것을 상품으로 만들어버리는 이 거대한 시장에서 탈주는 과연 어떻게 가능할까?

• 시장에서 놀기 •

즐거운 하루였답니다.. 모르는 분들과 함께 얘기도 많이 나누고, 맛있는 것도 얻어먹고[얻어먹기만 했다는...뻘뻘뻘] 무엇보다 지나가시는 분들이 저의 그림을 보고 좋아하시는 모습을 보니 피곤한지도 모르고 너무 즐거웠답니다. 하하하 공짜명함도 잘 팔리고 짐짓 40장 정도 만들어서 가져간 거 같았는데 40장 명함이 고스란히~ 모두 가져가주셨어요~^^
핸드폰줄도 너무 사랑해주셔서 몸 둘 바를 몰랐다는... 오늘 프리마켓 오신분들 사랑해요~——프리마켓에 참여한 한 블로거(blog.naver.com/hodu83)

빛나는 긴장으로 가득했던 놀이가 일종의 유행, 하나의 상품이 되어 버릴 때, 강렬했던 새로움은 소멸되고 놀이의 재미는 순식간에 사라지고 만다. 놀이가 그렇게 힘을 잃고 지루해지는 순간, 어떤 아이들은 흥분제로 초기의 강렬함을 되살리려고도 하지만, 그 어떤 흥분제도 그들을 구원해주지는 못할 것이다.

놀이는 새로운 규칙을 찾아 몸을 바꾸어야만 한다. 그러니 어쩌면 중요한 건, 뒤돌아보지 않는 것일지도 모른다. 우리의 놀이가 금세 상품으로 포장되어 팔린다고 우울해할 이유가 뭐람. 세계는 언제나 우리의 뒤를 따라오고 있을 뿐인데! 우리는 언제나 다른 놀이를 시작할 수 있다. 잘 짜여진 것처럼 보이는 이 세계에서 틈새를 발견하고, 새로운 놀이를 발명하면서 말이다. 우리의 이런 틈새 놀이는 다시 테마파크의 질서를 교란하고, 시장의 교환 방식까지도 어지럽힐 것이다.

홍대 앞 놀이터에서는 매주 벼룩시장이 열린다. 프리마켓, 혹은 희망시장이라고도 불리는 이곳에서 팔리는 물건들은 굉장히 다채롭다. 집에서 나뒹굴던 고물, 자기가 입던 옷이나 아끼던 책들, 직접 만든 수공예 작품들, 심지어 직접 녹음한 음반까지. 누가 장사꾼이고 누가 손님인지조차 헷갈리는 이 이상한 시장에서 아이들은 자신이 만든 예술 작품을 '팔고' 싶은 것이 아닐지도 모른다. 그곳에서 모두는 자신을 표현하고, 서로 섞이고, 시장의 규칙을 헝클어뜨리며 논다.

이제 명실공히 하나의 문화로 정착한 홍대 프리마켓은, '놀이

프리마켓

프리마켓은 일상과 예술이 만나는 공간이며, 다양한 공연과 전시가 곳곳에서 벌어지는 젊은 예술가들의 놀이터다. 놀이터 구석구석에서 반짝거리는 보물을 찾을 수 있을 테니 프리마켓으로 가보자. 눈을 크게 뜨고 귀를 활짝 열고!

터'는 아이들이 노는 곳이지 시장이 아니라는 규칙을 내세운 구청에 의해 한때 없어질 뻔했다. 고정관념에 사로잡힌 구청은 프리마켓이야말로 젊은 예술가들이 자신을 표현하며 만들어낸 가장 적극적인 '놀이'라는 것을 이해할 수 없었던 것이다.

그런 고리타분한 간섭보다 훨씬 더 위험한 것은 프리마켓 자체가 처음의 신선함을 잃어버리고 흔한 '장터'로 바뀔지도 모른다는 것이다. 낡은 규칙을 뒤섞고 새로운 규칙을 만들어낼 때의 두근거리는 공기를 잃어버리지 않기 위해 우리는 더 신나게 놀아야 한다. 홍대 주위를 무대로 활동하는 다양한 인디 밴드들의 공연과 지나가는 사람 누구나 참여할 수 있는 퍼포먼스, 그리고 여러 가지 공예품을 직접 만들어보는 워크숍까지 다양한 실험을 거듭하며 홍대 프리마켓은 지금도 놀고 있는 중이다.

한편 서울 시내 곳곳에서 볼 수 있는 '아름다운가게'는 사람들에게 기증받은 물건을 손질해서 저렴하게 판매하고, 그 수익금을 가난한 사람들에게 환원한다. 사람들은 이 가게에서 자원 활동을 하고 싶어하며, 또 자원 활동가들은 누구보다 즐겁게 일한다. 왜일까? 물건을 기증받아 운반하고 분류하는 일, 손질하고 수선하는 일들이 쉬운 건 아닐 텐데. 심지어 돈 한푼 못 받는 일인데! 설마 아직도 그 이유를 모르는 건 아니겠지? 아름다운가게의 활동은 노동이 아니다. 그들은 자신들이 하는 활동을 즐기고 있다. 멀쩡한 물건조차 유행이 지났다고 버리는 이 소비사회에서 헌 물건을 정성껏 리폼하고, 장바구니를 사용하고, 무공해 세제를 만들어 쓰는 삶의 방식을 말이다.

함께 활동하는 사람들만이 아니다. 아름다운가게에서는 그 공간을 드나드는 동네 사람들 또한 손님이 아니라 친구다. 이들은 함께 더 재밌는 일들을 기획하고 만들어낸다. 아름다운가게에서 여는 'ㅇㅇㅇ네 집 일일가게'는 온 가족이 함께 집안 물건을 정리하고, 손질해서 기증하고, 스스로 판매대를 만들어 물건을 파는 행사. 온 가족이 함께 구성하는 이 하루가 그 가족에게 있어 즐거운 놀이가 아니면 무엇일까.

우리는 시장에서도 놀 수 있다. 많이 팔고 많이 벌기 위한 것이 아니라 공유하고, 즐겁고, 행복하기 위한 시장의 규칙을 만듦으로써. 어느 순간 그 모든 것들이 또다시 상품으로 변해 진열된다고 해도, 우리가 잃은 것은 아무것도 없다. 그때 우리는 이미 다른 곳에서 또 다른 놀이를 하고 있을 것이다. 언제나 우리의 뒤를 쫓고 있는 세계를 가볍게 비켜나는 날렵한 숨바꼭질을 하면서 말이다.

• 시장을 넘어 구성하는 삶의 즐거움 •

> 내가 소년 시절을 보낸 30여 년 전 일본 도쿄도 고마에시의 다마(多摩) 강변 도처에서 사람들은 아무도 쓰지 않는 빈터에 꽃을 심고 채소를 길렀다. 그리고 그것을 이웃들에게 나누어주었다. 그것은 토지분배와 사유화로 나아가는 농업이 아니라, 순간적인 유목적 채소밭이었다(또 당시에는 그것을 규탄하는 방송국이 없었다). — 고소 이와사부로, 「뜰-운동 이후」에서

노동하고 싶지 않다면 소비하지 말아야 한다. 그러나 소비하지 않고 산다는 것은 불가능한 얘기다. 모든 것이 상품인 이 사회에서 우리

는 먹고살기 위해 물건을 사야만 하기 때문이다. 그렇다면 다른 방식으로 소비하고, 그럼으로써 괴로운 노동에서 벗어나는 방법은 없을까?

세계 곳곳에는 돈을 직접 만들어 사용하는 사람들이 있다. 처음 듣는 사람이라면 깜짝 놀라서 물을 것이다. 돈을 만들어 쓴다니, 그게 말이 돼? 돈이란 건 국가가 만드는 거지 그런 장난감으로 뭘 하겠어? 그들은 이렇게 대답한다. 뭐, 생각하기 나름 아닐까? 우리는 국가가 만드는 돈이 지긋지긋하다고. 국가가 만든 돈을 쓰면서 사람들은 점점 이기적이 되고 있잖아? 모든 권력을 쥐고 사람들을 노예로 만드는 돈이 싫어서 우리는 전혀 다른 돈을 만들기로 했지. 장난 같으면 어때? 우리가 만든 돈은 국가가 만든 돈처럼 권력이 되는 것도 아니고 이자가 붙지도 않아. 대신 자본주의 사회에서 무시되는 것들의 가치를 되살려주지. 무엇보다도, 이 돈을 쓰는 동안 우리는 점점 더 친해진단 말이야!

놀랍게도 사람들끼리 만들어 쓰기 시작한 이 새로운 돈은 동화처럼 훈훈한 일화를 무수히 만들어냈다. 연금으로 근근히 생활했던 독신자 마거릿 글로버. 혹독하게 춥던 겨울날 집에 돌아온 그녀는 파이프가 터져 집이 온통 물로 가득 차 있는 걸 발견한다. 오 마이 갓! 보일러 수리공을 부르면 되지 않느냐고? 슬프게도 그녀는 돈도 없었다. 그러나 그게 무슨 문제랴. 그녀는 전혀 다른 화폐를 가지고 있는데! 20분이 채 지나지 않아 다섯 명의 남자들이 집으로 왔다. "그들은 수도를 차단하고 카펫이며 침구류를 밖으로 내다 놓더니,

한밭레츠의 두루 지폐

이런 게 무슨 돈이냐고? 도통 믿음이 안 간다고? 그러나 우리가 사용하는 종잇조각에 신용을 불어넣는 것은 그 종잇조각을 사용하는 우리 자신이다. 모두가 그 종잇조각의 노예가 되었다는 사실이야말로 훨씬 이상하지 않은가? 우리를 지배하지 않는 새로운 규칙의 화폐를 사용해보자. 소비가 아닌 나눔의 즐거움을 만끽하게 될 것이다.

가구를 추려내 제게 잠자리를 마련해줬지요. 그리고는 물기를 닦아 내려고 새벽 4시까지 걸레질을 했어요. 그 뒤로도 사흘 동안이나 집 안 정리를 도와줬답니다. 하나도 걱정이 안 됐어요. 다 그 사람들 덕 분이죠. 마치 기적과도 같았답니다."

그녀는 장부로만 기록되는 공동체화폐를 사용한 것이다. 그녀의 장부에는 적자가 생겼지만, 이는 점점 늘어나는 무거운 빚이 아니었다. 나중에 누군가에게 맛있는 쿠키를 만들어준다거나, 기타 교습을 해주면 된다. 게다가 그녀는 더 이상 외로운 연금 생활자도 아니다. 그녀에게는 이 새로운 화폐가 선물한 친구들이 잔뜩 생겼으며, 그녀 스스로도 타인에게 선물을 줄 수 있는 존재가 되었기 때문이다.

우리나라에도 새로운 화폐의 실험을 하는 사람들이 있다. 1998년 '미래를 내다보는 사람들의 모임'에서 지역화폐가 생긴 이후, 여러 지역에 공동체화폐가 만들어졌다. 최근 가장 활발하게 운영되고 있는 곳은 대전의 '한밭레츠'. 화폐의 규칙을 살짝 바꾼 것만으로도 사람들은 서로에게 선물을 주는 존재가 될 수 있다. 이런 실험들이 점점 많아진다면 우리는 어느새 노동과 소비의 악순환에서 빠져나와 즐겁게 일하고, 서로의 존재가 서로에게 선물이 되는 세계에 살게 되지 않을까.

하나 더. 스쾃(Squat)은 자본주의가 강요하는 소유의 규칙을 거부하고, 국가가 만든 법의 틈새에서 벌이는 놀이이다. 불법점거를 뜻하는 스쾃이라는 말은, 19세기 오스트레일리아의 목동들이 허가

오아시스 프로젝트

예술은 고상한 전시관이나 으리으리한 콘서트홀에서 하는 게 아니라, 일상 곳곳에서 꽃처럼 피어나는 것, 가장 창조적인 놀이의 다른 이름이다. 오아시스 프로젝트는 방치된 채 비어 있는 문화예술위원회 소유의 가건물을 점거하고 720시간 동안 전시, 상영, 퍼포먼스를 감행했다. 예술은 높다란 어르신들이 계획 세우고 예산 짜서 하는 게 아니라, 바로 지금 우리들이 온몸으로 하는 것임을 보여준 한국의 예술가들. 멋지다!(이 놀이에 동참하고 싶다면 www.squarrist.org에 놀러가 보자!)

없이 남의 초지(草地)에 들어가서 양을 먹이던 것에서 유래되었다고 한다. 이 단어는 산업혁명 시기, 가난한 도심의 노동자들이 잠잘 곳을 찾아 빈 건물에 들어가 살기 시작하면서 본격적으로 사용된다. 고된 노동에도 불구하고 잠잘 곳조차 마련할 수 없었던 노동자들은 빈 건물에 삶의 터를 만들고 새로운 삶을 모색했다.

스쾃은 많은 곳에서 다양한 방식으로 새로운 실험을 거듭해왔다. 공터를 정비하고 식물을 길러 사람들과 나누는가 하면, 빈 공간을 점유한 예술가들은 그림을 그리고, 춤을 추고, 음악을 연주하고, 시를 읊었다. 도시에서 예술을 위한 공간, 시민들의 자유를 위한 공간이 어떠한 식으로 존재해야 하는가를 온몸으로 질문하면서. 정부에 의해 지어지다가 예산 문제로 방치되어 있는 목동 예술인회관을 점거한 우리나라의 '오아시스 프로젝트' 또한 스쾃의 대표적인 사례이다. 예술은 정부의 계획으로 하는 것도, 고상한 예술가들끼리 하는 것도 아니다. 대중과 소통하는 예술의 놀이터를 만들고자 하는 이들의 발랄한 실험은 지금도 계속되고 있다.

물론 스쾃터들의 행동은 불법으로 규정되고, 경찰은 그들을 내쫓는다. 살아 숨쉬는 예술로 가득했던 공간은 한순간에 철거되기 일쑤다. 하지만 그때마다 가볍게 몸을 옮기며 계속되는 스쾃터들의 실험-놀이는 우리에게 근본적인 질문을 던진다. 대체 이 거대한 지구가 어쩌다가 사고파는 상품, 몇몇 사람들의 소유가 된 거지? 날아다니는 새들이 그렇듯이, 숲 속의 짐승들이 그렇듯이, 우리 모두는 어디에서나 살 권리가 있는 게 아닐까? 인디언들이 자유롭게 살고 있던 저 너른 땅을 잔인하게 약탈한 미국인들을, 무수한 사람들을 쫓아냈던 인클로저 운동을 기억해보자. 어쩌면 땅을 소유한 자들이야말로 가장 폭력적인 땅 약탈자들인 것은 아닐까? 스쾃터들은 이 이상한 소유의 규칙을 온몸으로 파괴하고, 틈새에서 놀면서 새로운 가치를 창조한다.

4
교실에서 놀기, 세상에서 배우기

• 문학은 노래, 철학은 수수께끼, 과학은 마법 •

늘 쾌활한 것이 바로 공부이다. ─왕양명, 『전습록』에서

마지막으로 우리가 도달해야만 하는 곳은? 우울하지만, 물론 교실이다. 국화빵처럼 비슷한 모양새로 우리를 찍어내려 하는 학교, 시험을 잘 보기 위한 노트 필기로 우리를 '노동' 시키는 교실 말이다. 해리포터 시리즈가 그토록 굉장한 인기를 누린 건, 어쩌면 우리의 이런 현실과는 너무나 다른 교실의 풍경을 보여주었기 때문일지도 모른다.

무의미하게만 느껴지는 숫자와 공식을 무턱대고 외워야 하는 가혹하고 끔찍한 현실 속에서, 개구리를 파리로 만드는 호그와트의 마법 시험을 부러워하지 않을 수 있는 인간이 있을까. 하루 종일 조그만 책상 앞에 앉아서 똑같은 걸 받아 적어야만 하는 우리들이, 수정구에 비친 미래를 들여다보고 진기한 동물과 약초의 비술을 배우는 수업 시간을 부러워하지 않을 수가 있겠느냐 말이다. 시험이고

아인슈타인
무지막지한 이론을 마구 발표해낸 대과학자라면 근엄한 표정을 하고 있는 게 당연하다는 우리의 생각을 확 깨버리는 사진이다. 그러나 장난기 가득한 이 표정이야말로 세계와 우주의 비밀을 탐험하는 과학자들의 모습을 가장 잘 보여주는 건 아닐까? 과학자들은 우주의 무수한 미스터리에 환호하며 세상과 더불어 놀고 있는 영원한 아이들일지도 모른다.

수업이고 간에 온통 노는 거나 다름없을 해리포터 패거리는 엄청나게 운이 좋은 녀석들임에 분명하다.

하긴 마법이란 애초부터 공부랑은 무관해 보인다. "뭐 재미있는 거 없나?" 하며 늘상 두리번거리는 우리에게야 흥미만점이지만, 어른들이 볼 때는 아무짝에도 쓸데없는 공상에 불과하지 않겠는가. 하지만 허무맹랑한 마법과 합리적인 과학이 처음부터 무 자르듯 구분되어 있던 것이 아니었다는 사실을 아는지? 둘은 원래 한 몸에서 자라난 형제였다. 게다가 이 둘이 분리된 건 그리 오래된 이야기도 아니라는데…….

18세기 초반까지만 해도 과학자들은 마법사이며 연금술사였다. 아마 뉴턴을 모르는 사람은 없겠지? 맞다, 만유인력의 법칙을 발견해 근대 과학의 초석을 세운 사람이다. 그가 발견한 만유인력의 법칙은 세계가 작동하는 '합리적인 원리'의 상징과도 같다. 그러나 뉴턴은 스스로를 연금술사라고 칭했었다. 연금술이 대체 뭐냐고? 연금술은 '합리성'을 모토로 하는 근대 과학에 의해 학문의 바깥으로 쫓겨난 일종의 자연학이다. 책이나 영화는 종종 중세의 연금술사들을 돌을 금으로 만들고, 석상에 생명을 불어넣기 위해 허무맹랑한 실험을 하는 미치광이들로 묘사한다. 하지만 그들이 정말로 알고 싶어했던 것은 세상의 이치이며, 자연의 섭리였다. 연금술사들은 우주의 원리와 생명의 신비를 찾아 세상을 떠돌아다녔고, 그들의 실험은 우리가 공부하는 자연과학의 토양이 되었다.

마법과 과학이 하나였을 때 공부는 즐거운 탐구, 세상을 가지고

메리 커샛, 「바닷가에서 노는 아이들」(1884년)

에드거 앨런 포가 말했듯이, 우리들은 "자신이 어린아이였을 때, 즉 자신이 영원한 존재라고 믿던 때를 모두 잊은 것 같다". 기억하자. 우리가 한때 충만한 애정으로 세계와 더불어 노는 아이였음을.

하는 실험이 아니었을까? 어디 과학뿐이랴. 고대인들에게 모든 지식은 성스럽고 경이로운 것이었다. 우주의 질서야말로 세상을 움직이는 마술이었던 거다. '학교'(school)의 어원이 '여가'(skholē)였다는 건 기억하고 있겠지? 르네상스 시대에는 배우는 것이 술을 마시거나 사랑하는 행위와 마찬가지로 '삶의 기쁨' 중 하나였다고 학자들은 전한다.

문학은 노래였으며, 철학은 지혜를 겨루는 수수께끼였고, 과학은 마법이었다. 그러나 어느 순간 '합리'와 '객관'이라는 이름의 칼날이 마법을 과학에서 쫓아낸다. 세상 전체를 감싸는 기운을 이해하려던 마법과 연금술 대신 시작된 건 차가운 실험. 모든 것을 인과관계로 분석하는 이 실험은 자연과 인간을 분리하고, 자연을 객관적인 관찰의 대상, 심지어 우리가 정복할 대상으로 바라본다. 이제 학문은 얼마만큼 '쓸모' 있는가로 평가받기 시작한다.

학문들 사이에 서열이 생기고, 한편으로는 '반드시 알아야 할 것들'이 추려져서 목록이 작성된다. 이전의 아이들이 골목에서 놀고 형제들과 다투면서 몸으로 익히던 사회적인 감각이 '도덕'이나 '국민윤리'라는 이름의 교과서로 만들어지고, 부엌과 일터에서 시행착오를 거치며 배웠을 다채로운 삶의 기술들은 '가정'이나 '기술'이라는 이름으로 일괄정리되었다. 달달 외워야만 하는 것들의 목록은 점점 길게 추가된다. 몸 전체로 호흡하며 익혀야 할 인생의 지혜들이 책상에 앉은 채 멍하니 들어야만 하는 것이 되었다. 게다가 공부는 시험이라는 확실한 목적을 향한다. 이러니 공부가 지겨운 건 지극히 당연한 일. 공부는 노동이 되어버린 것이다.

그러나 기억을 한번 더듬어보자. 우리 모두는 이미 커다란 즐거움으로 무언가를 배우고자 했던 적이 있다. 뭐? 기억나지 않는다고? 잘 생각해보라. 우리가 과학자나 철학자라고 불러온 사람들, 더 많은 걸 궁금해하고 계속해서 질문을 던지는 그들과 가장 닮은 건 호기심에 가득 찬 어린아이들이 아닐까? 모든 것을 궁금해하면서 세상을 바라보고, 우주를 꿈꾸고, 끝없이 질문을 해대는 어린아이들 말이다. 노년의 뉴턴은 자신이 광활한 진리의 바닷가 모래사장에서 조약돌이나 조개껍질을 줍고 있는 소년에 불과하다고 말했다. 끝까지 어린아이 같은 호기심을 간직한 채 우주의 수수께끼를 풀어 나가는 노과학자라니, 너무나 근사하다. 그런데 우리도 한때 많은 것들을 궁금해하는 꼬맹이들이었다는 사실은 왜 이리도 가물가물한 것일까?

이것저것 귀찮게 물어보던 꼬맹이가 아니었던 사람이 어디 있으랴. 사실 진짜 놀라운 건 한때 그렇게나 호기심으로 충만하던 아이들이 멍하니 앉아 종이 울리기만 기다리는 부석부석한 10대로 변해버렸다는 비참한 사실이다. 몇 살 먹지도 않았는데 세상과 자신을 향해 반짝이던 무구한 애정은 어딘가로 홀라당 사라지고, 공부는 하기 싫어 죽겠다면서 그렇다고 즐겁게 놀고 있는 것도 아니니, 이거야말로 비극이 아니겠는가.

• 교실에서 대안 만들기, 교실 밖에서 공부하기 •

그래서 나는 책을 읽었고, 영화를 보았고 글을 썼으며 이문세와 빌리 할리데이를 들었다. 뭐 이문세가 나쁘다고 말하는 사람은 없었으니까. 행복했다. ……
정말 중·고등학생 때 의욕이 넘치고 무엇인가 해보고 싶고 젊음의 에너지가 끓어 넘쳐 몸이 근질근질거려도 할 수 있는 게 도대체 뭐가 있느냐는 말이다. 난 그렇게 보면 아주 축복받은 케이스였다. 미치도록 재미있다고 느끼는 것을 일찌감치 얼른 찾아내서 그 안에 흠뻑 빠져 지낼 수 있었으니까.
―김현진, 『네 멋대로 해라』에서

교탁을 바라보고 줄지어 늘어선 책상들로 가득한 우리 교실의 풍경은 감옥에나 비견될 만큼 암울하기 짝이 없다. 한 시간 내내 들어야만 하는 단 하나의 음성, 더이상 살아 숨쉬지 않는 지식, 숨 막히는 교실의 규칙들은 우리의 호기심을 아주 효과적으로 지워버렸다. 하지만 학교 수업이 지루하다는 투정은 사실 아무것도 변화시킬 수 없다. 언제까지나 암울한 상황을 탓하고 있는 것보다는 빨리 즐거워질 방법을 찾아야만 하지 않을까? 스스로 즐거워질 수 있는 방법을 찾은 몇 명의 친구들을 한번 만나보자.

우선, "학교 따위 필요 없어!"라고 외친 행동파 여진이의 삶을 훔쳐보자. 공연 기획자의 길을 꿈꾸던 이 열혈소녀는 중1 때 자퇴를 한 뒤 '명동 청소년 거리 축제'에서 자원 활동을 시작한다. '밥 벌어 먹고 살기 힘든' 이쪽 일을 직접 체험해보고 싶었다나. 그 이후에도 여진이는 '안티 미스코리아 대회'나 '서울 국제 무용 축제' 등 여러 가지 축제들을 찾아다니며 능력을 발휘했다. 인터넷을 뒤져 예술 경

축제

무라카미 류의 소설 『69』에서 고등학생인 주인공은 멋진 페스티벌을 만들기 위해 고군분투한다. 꼰대 같은 선생님에게 찍히고, 깡패들에게 얻어터지고, 삶이 우리를 속일지라도 주인공의 말처럼 "즐겁게 사는 것이야말로 이기는 것이다!"

영에 관한 자료를 찾아 읽으며 공부를 하고, 자신의 축제 체험기를 꼼꼼히 작성해둔 건 물론이다.

열여섯 살 땐 연극에 푹 빠진다. 초대권을 주는 사이트마다 응모를 하여 한 해 스무 편이 넘는 공연을 관람했다. 온갖 장르의 연극과 뮤지컬을 관람하며 아트센터의 명예기자로 한 달에 두 편씩 비평도 올렸다. 그 와중에 청소년 극회에서 음향 스태프로서의 경험도 쌓았다.

일본 지방 소도시를 찾아가 자신과 같은 탈학교 친구들을 만나본 여진이는 한 회사의 '글로벌 네트워크 프로젝트'에 응모해 열흘간 태국 문화 탐사를 다녀오기도 했다. 여진이가 주최 측에 제출한 보고서에는 '다른 것들이 어우러지는 삶의 문화'에 대한 고민이 담겨 있다. 중딩을 위한 문화 웹진 『DREAM 10』의 코멘트처럼, 이 정도면 그녀를 '10대 인류학자'라 부를 만하지 않은가.

좌충우돌 일단 부딪쳐보는 그녀는 타고난 놀이꾼. 여진이는 "최고가 아니라 내가 잘 사는 방법을 찾는 것"이 중요하다고 당차게 말하며 이렇게 덧붙인다. "뭘 하나 붙잡고 있으면 불안하진 않겠지만, 그럼 변화가 없으니까 흐름을 만들어가기로 했다."

이번엔 학교 안에서도 얼마든지 놀 수 있다는 걸 보여주는 예진이를 만나보자. 예진이는 초딩 3학년 시절부터 시작한 문화재 자원활동으로 대학에 수시 입학했다. 그녀의 관심사는 문화재뿐이 아니다. 여행, 우표, 사진, 엽서, 그림 메모, 신문 기사 스크랩, 특허까지 딴 자석 냄비 받침대 발명, 치토스 봉지에 들어 있는 따조 수집까지.

고딩영화제 출품작 「도전」(위)과 회의 중인 모습(아래)

1998년에 시작된 고딩영화제는 자신을 표현하는 도구로 카메라를 선택한 아이들이 만드는 축제이다. 생초보부터 영화광까지 모두 모여! 우리에겐 하고 싶은 이야기가, 우리를 표현할 도구가 있다! 무언가를 직접 해보는 것은 그것을 가장 빨리 배우는 방법이다. 함께 영화를 만들고 축제를 기획한 이 아이들은 친구에게서 가장 많은 것을 배웠다고 말한다.

커허! 이 정도면, 사회 시간의 수행평가가 어떻게 놀이가 될 수 있는가에 대한 최고의 본보기일 것이다.

중학교 1학년 때 예진이는 각자 테마를 정해서 참가하는 '대한민국 청소년 우표 전시회'에 처음으로 자신의 우표들을 출품했고, 고2 때까지 다섯 번의 대회에서 매번 전국 1위를 먹었다. 국제 대회에서도 한 실력 과시한 것은 물론이다. 그러나 상장이야 그녀에겐 없어도 그만. 자신의 우표전을 준비하는 과정이야말로 예진이에게 가장 즐거운 놀이이며 공부였던 것이다. 그녀의 첫번째 테마인 '표정'을 준비하며, 그녀는 이름도 모르는 전국 의대의 교수 50여 명에게 편지를 보냈다. "이런 웃음은 어떤 근육을 쓰고 건강에 어떤 영향을 미치나요?"와 같은 질문이 A4로 네 장씩 빽빽이 들어차 있는 편지였다.

사형을 주제로 잡았을 때 예진인 수많은 책들을 읽고도 모자라 앰네스티(국제사면위원회)에까지 편지를 보내 자료를 구했다고 한다. 존 우드퍼드의 『허영의 역사』를 읽고 우표 전시를 기획한 적도 있다. 그녀의 놀이는 마주치는 모든 사물들과 만들어낼 수 있는 최고의 만남이며 제대로 된 인류사 공부였다(『DREAM 10』 2004년 4월호 참조).

이 근사한 아이들을 인터뷰한 웹진의 필자가 지적하듯 "여진이는 학교를 그만뒀고, 예진이는 학교에 남았지만" 그들은 이미 학교 안과 밖의 경계를 지우고 공부와 놀이의 경계를 지우며 가장 즐거운 성장을 하고 있다는 점에서 닮았다. 게다가 교과서가 가르치는 것,

선생님과 부모님이 말하는 것이 아니라 자신이 좋아하고 관심을 가지는 것에 대해 몰두해본 여진이와 예진이는 "장차 무엇을 하든 아주 잘해 나갈 것이 틀림없다".

세상은 얼마든지 흥미진진하고 재미있는 것들로 가득 차 있다. 무심코 지나치는 우표 한 장에서조차 이렇게 많은 것들을 발견할 수 있는데, 대체 뭐가 매일매일 지루하게 반복된다는 말인가. 거창한 무엇이 아니다. 바로 근처에서 날 유혹하고 내 마음을 흔드는 아주 작은 차이, 그것을 찾아나서는 가벼운 발걸음. 그때 놀이는 시작된다. 지루하던 일상은 반짝이는 차이들로 빛나기 시작하고, 세계를 내리누르던 무거운 공기는 가벼워질 것이다.

학교가 아무리 힘겨워도 버텨야만 하는 통과의례가 아니라 언제든 떠날 수도 있는 곳이 되고, 공부 또한 수많은 방식으로 가능해질 때, 우리는 비로소 학교를 좋아할 수 있을지도 모른다. 어디서든 즐겁게 공부할 수 있을 때, 교실에서의 공부 또한 훨씬 풍성해질 것이다.

그러나 명심할 것. 그런 날은 미래의 어느 순간 찾아오는 것도, 어딘가로 떠나야만 찾아지는 것도 아니다. 학교 시스템에 대한 반성과 함께 무수한 대안학교들이 만들어지고 있지만, 내가 아무것에도 관심 없고 모든 게 귀찮을 뿐이라면 어디로 간들 뭐가 그리 다를까. 대안은 나의 모든 감각이 예민하게 깨어나는 순간, 친구들의 수많은 개성을 발견하기 시작하는 순간, 언제 어디서든 규칙을 바꾸고 놀 수 있는 바로 그 순간 열린다.

• 세상보다 한 발 앞서기 •

> 그 내용과 적합성을 재평가한 후 다시 몰두하든지 다른 것으로 넘어갈 수 있는 능력을 가진 아이는 현대적 미디어 공간을 서핑할 능력을 가진 아이이다. 그 아이는 의심 없이 점잖은 태도로 텔레비전을 시청하는 사람들에게 쉽게 주입되는 수많은 프로그래밍과 설득의 방법에도 면역되어 있다. 그 아이는 수동적이고 오로지 수용만 하는 관중이 되어 미디어 공간 속에서 익사하기를 거부한다. ─더글러스 러시코프, 『카오스의 아이들』에서

어른들은 책을 읽지 않고 텔레비전조차 채널을 고정시키지 못하는 '요즘 아이들'의 집중력 부족에 한숨을 내쉬지만, 이제 우리 이렇게 물어보자. 텔레비전 채널도 고정시키지 못하는 우리들이 MTV 스타일의 현란한 편집을 구성해낸 건 아니냐고. 집중력 저하라는 손쉬운 평가를 내리면서, 여러 가지 정보를 받아들이고 재구성하는 능력이나 무섭게 성장하고 있는 다른 가능성들을 외면하고 있는 것은 아니냐고.

    어른들은 바보상자 앞에서 떠나지 못하는 아이들을 걱정하고, 「스타크래프트」가 아이들을 컴퓨터 앞에 잡아둔다고 탄식하지만, 텔레비전이 키운 아이들이 「에반게리온」 같은 작품을 만들어냈으며 사이버공간은 이미 우리들에게 적극적인 의미의 자연이다. 한편에서 우린 도시를 가지고도 놀고 있다. 좁은 주차장은 길거리 농구장으로 바뀌고, 수많은 인라이너와 스케이트보더들은 시내 곳곳에서 아찔한 스릴을 즐긴다.

    어떠한 공간에서도 우리들은 소통하는 법을 배우고, 서로에게

작품을 새롭게 탄생시키는 주역, 팬(fan)

돈 벌 궁리만 하는 영화관들이 블록버스터 영화만 상영하는 동안, 독립영화 「후회하지 않아」의 팬들은 직접 상영회를 열고, 그 영화를 보고 또 보며 관객 1만 명이 넘을 때마다 파티를 벌였다. 살벌한 자본의 논리에서 사라질 뻔한 저예산 독립영화를 팬들이 구해낸 것이다. 「미안하다 사랑한다」의 팬 카페 회원들은 드라마 DVD가 출시된다는 소식을 듣자 감독판 DVD 발매 추진 사이트를 만들고 의견을 올리기 시작했다. 방송국과 DVD 제작사는 이를 무시할 수 없었고, 결국 관계자들까지 팬 카페에 들락거리게 만든 끝에 그들은 감독판 출시라는 성과를 이뤄낸다. 단순한 소비자이길 넘어 작품에 개입하고 작품을 유통시키는 팬들의 왕국.(사진은 「네 멋대로 해라」 팬 카페)

말을 건다. 규칙은 계속 바뀐다. "내가 리니지를 시작한지도 어느덧 4개월, X같은 일들을 나는 당해와. 방금 네 시간 동안 만든 음악에 랩해봐. 그래 이것도 음악이니 들어봐." 리니지 음악을 배경으로 만들어진 경쾌한 가사의 안티 리니지 노래가 MP3 파일로 만들어져 인터넷을 가득 채울 때 우린 서로를 죽이는 게임의 규칙을 거부하고 있다. 또한 우리는 포르노 사이트와 쇼핑몰이 난무하는 인터넷을 정보를 공유하고 나누는 거대한 공동 저장소로 바꾼다. 엄숙하게 존재하던 문자에 외계의 기호를 도입하고, 단지 통화 수단이었던 핸드폰으로 영화를 찍어 웹에 올릴 때 이미 우리에겐 무엇이든 장난감이고 어디든 놀이터다.

어른들은 스스로의 문화를 만들지 못하는 수동적인 청소년들을 비판하지만, 텔레비전·영화·대중음악이 만들어낸 스타에 열광할 때조차 우린 결코 수동적으로 소비만 하고 있지 않다. 아니, 자본주의의 최전선, 거대한 스타시스템 사이에서도 우리들은 새로운 놀이를 만들어내는 '문화 생산자'가 된다. 우리 스스로 만들어낸 스타, 무수한 팬픽(fanfic)들은 그렇게 만들어졌다. 화면 속에만 존재하는 스타 대신, 함께 채팅을 하고 쪽지를 주고받을 수 있는 우리들의 스타를 '만들어' 내고, 좋아하는 연예인을 주인공으로 소설을 써서 브라운관의 스타들마저 '바꿔' 버린다. 단지 보고, 따라하고, 소비하는 대신 직접 만들어내고 뛰어들고 참여하는 거다.

어른들과 고루한 언론들이 '오빠 부대'니 '빠순이'니 하는 이름으로 부르던 아이들이, 자신들이 좋아하는 것을 건강하게 누리기 위해 집단 항의를 하거나, 시민운동 단체와 연대하는 등 다양한 방식으로 시스템에 개입하기도 했다. 공연윤리위원회의 사전심의제를 폐지시키고 순위 프로그램을 없애기 위해 움직일 때, 우리들은 문화의 주체이다.

어른들은 상품으로 팔기 위한 스타덤(stardom)을 만들었지만 우리가 만들어낸 것은 함께 놀기 위한 팬덤(fandom)이다. 그렇게 만들어진 공동체에서 자신을 표현하고, 서로를 이해하는 법을 배우며, 또 다른 것을 만들어낸다. 게다가 그것은 돈을 벌기 위한 것이 아니라 즐겁기 위한 것, 소통하기 위한 것이다. 어떤 어른들은 그걸 돈 되는 상품으로 바꿔버리려 하고, 다른 어른들은 철딱서니 없는 짓거리로 매도하지만 무슨 상관이람. 중요한 것은 우리들이 더이상 대중문화의 소비자로만 머물러 있지 않는다는 것, 소비문화의 틈새에서 능동적으로 놀고 있다는 것, 직접 스타를 만들어낼 뿐 아니라 스타를 넘어선 팬들의 왕국을 만들고 있다는 것이 아닐까.

새로운 규칙을 만들어내는 것은 언제나 즐거운 놀이이다. 그러나 주의할 것. 혹시 나의 놀이가 어느새 다람쥐 쳇바퀴 돌 듯 반복되고 있는 것은 아닐까? 어느새 우리 또한 테마파크 안의 아바타가 된 것은 아닐까? 잊지말자. 새롭게 몸을 바꿔내는 순간 경험할 수 있는 짜릿한 긴장으로만 우리의 놀이는 계속된다.

에필로그
즐거움만이 세상을 바꾼다

• 베짱이의 공연이 세상을 바꾸다 •

베짱이는 아무짝에도 쓸모없는 구제불능의 게으름뱅이일 뿐이냐고? 물론 아니지. '노동'에 사로잡힌 개미의 미래는 안 봐도 비디오지만, 베짱이의 미래는 그야말로 예측불허! 베짱이의 놀이가 계속되는 한 베짱이의 미래는 무한한 가능성으로 열려 있다. 세상을 바꾸는 건 현재의 삶에 끄달리는 개미가 아니라 미래를 창조하는 베짱이들. 그리고 여기, 세상을 바꾼 또 한 명의 베짱이가 있다!

비틀즈처럼 한 시대를 강렬하게 사로잡은 천재냐고? 뭐, 그렇지는 않다. 히트곡이 있느냐고? 우움…… 그것도 아니다. 록(rock) 음악을 아주 사랑할 뿐 딱히 강렬한 재능이 넘쳐흐르는 것도 아니었으니, 세상 사람들이 보기에 그는 현실을 직시하지 못하는 얼간이 바보였을지도 모르겠다. 그러나 세상 사람들이 한결같이 믿어 의심치 않는 단 하나의 '가치' 따위 신경조차 쓰지 않았던 그 얼간이는 정말로 세상을 바꾸는 멋진 공연을 해내고야 만다. 영화 「스쿨 오브 락」(School of Rock)이 보여주는 즐거운 기적이다.

「스쿨 오브 락」

잘 노는 건 엄청난 열정을 요구하는 일이다. 정말로 무언가를 사랑한다면 그것을 더 잘 알고 싶어서 좀이 쑤실 테니까. 설령 칠판 한바닥을 꽉 재운 빽빽한 이론들을 공부해야 할지라도!

키는 작고 뚱뚱한 데다가 음악성마저 열정을 못 따라가 자기가 만든 팀에서 쫓겨날 정도인 주인공. 록음악 자체가 한물간 시대에 심지어 못생기고 재능 없는 로커라니, 정말 우울하다. 그러나 돈 한 푼 못 벌어 (이젠 록음악 따위 그만두고 착실히 일을 하는) 친구 집에 얹혀사는 그에게 록이란 세상의 규칙을 뒤바꾸는 가장 유쾌하고 파워풀한 방법. 그는 말한다. "록이란 세상을 지배하고 우릴 억압하는 '짱'들을 엿먹이는 거라구!" 그는 멋진 공연이 세상을 바꿀 수 있다고 굳게 믿는다.

사건은 월세의 압박에 못 이긴 그가 친구의 이름을 사칭하고 럭셔리한 사립 초등학교에 교사로 취업하면서 시작된다. 착하고 공부 잘 하며 타의 모범이 되는 아이에게 별표를, 불량 감자들에게는 벌점을 주는 전형적인 교실의 규칙 따윈 그에게 그야말로 'Never mind'(신경 꺼!). 교실의 규칙에 꽁꽁 묶여 있던 얌전한 초등학생들은 이 어처구니없는 막가파 선생님 앞에서 당황하고 만다. "선생님! 별은 언제 주실 건가요?" "저흰 수업을 받기 위해 엄청난 수업료를 내고 있다구요." 그러나 그는 말한다. "신경 꺼! 이제부턴 한판 신나게 놀아보자구!" 그는 클래식을 배우던 초등학생들과 함께 밴드를 조직, 록 페스티벌에 나가기 위한 맹훈련을 시작한다. 매일매일 교과서를 암기하고 문제를 풀어야 했던 아이들에게 수업은 온통 놀자판이 된 셈. 그런데 놀랍게도 놀고, 춤추고, 노래하는 이 이상한 수업은 별점에 목숨 걸던 아이들을 훌쩍 성장시킨다. 그리하여 정말로 근사한 마지막의 공연은 그들의 세상을 온통 바꿔버리고 만다.

• 놀이가 발견하는 다른 나, 무수한 우리 •

수업료 운운하며 별 스티커를 받을 기회(수업!)를 달라던 조숙한 초딩들은 어떻게 교실의 규칙에서 가벼워질 수 있었을까? 우리의 '미스터 S'(ass, 즉 궁둥이랑 발음이 같다)께서는 딱히 진지하게 어떤 문제를 제기하지도 않는다. 대신 그는 자유 시간에조차 멍하니 있는 이 초딩들에게 무언가에 몰입할 기회와 동기를 슬쩍 던져준다. 똘똘이 반장에겐 별 스티커 다섯 개와 이 과정이 하버드대학교에 입학할 수 있는 기회라는 엉터리 미끼를 던지고, 매일 야단만 맞던 불만투성이 불량 감자에겐 록음악의 저항 정신을 어필하며. 말하자면 그는 규칙을 없애는 대신 수많은 규칙을 만듦으로써 성적이라는 절대 규칙을 지워버린 것이다.

어리둥절하거나, 단지 논다는 기분에 들떠 있거나, 투덜대던 아이들은 곧 이 이상한 수업에서 각자가 잘할 수 있는 것을 찾아내기 시작한다. 멋진 공연은 연주자 몇 명이 만들 수 있는 것이 아니다! "전 의상을 담당 할래요!"라고 소리 지르는 건 멋쟁이 꼬마. 엉겁결에 오빠 부대를 담당할 뻔한 똘똘이 반장은 비즈니스 책까지 찾아보며 매니지먼트를 하겠다고 나선다. 쭈뼛거리던 뚱보 소녀는 끝내주는 목소리를 갖고 있었다. 공연에서 천재적인 연출 능력을 선보이는 조명 담당은 또 어떤가.

그가 아이들에게 준 것은 무엇엔가 몰두해보는 경험과 자신의 능력을 실험할 기회였으며, 자신을 표현하는 순간의 말할 수 없는 즐거움이다. 엄하고 고지식한 아버지에게 꽉꽉 눌려 "몰라요"라는 말만 반복하던 잭은 자신의 감정을 처음으로 발견하고 표현했던 수업 후, 이렇게 말한다. "선생님, 오늘 수업 정말 멋졌어요!" 위장 취업한 사실이 들통나고, 돈을 벌기 위해 아이들을 이용한 것처럼 매도당한 그가 학교에서 쫓겨났을 때, 아이들은 그를 찾아내 공연장으로 이끈다. 다른 이유가 뭐 있겠는가. 그와 함께 했던 놀이가 진심으로 즐거웠던 것 말고!

물론 그 아이들 모두가 로커가 될 리는 없다. 아이들은 단지 한 판 신나게 놀았던 것뿐이다. 기억하고 있겠지? 놀이는 목적이 아니라 과정이란 것을 말이다. 그리고 이제 아이들은 얼마든지 자신의 욕망을 실험하는 또 다른 놀이를 시작할 수 있다. 아니, 그러지 않고서는 견딜 수 없을 것이다. 무언가에 진심으로 몰입하는 즐거움, 그 안에서 스스로도 모르고 있던 자신을 발견하고, 함께 놀 수 있는 우리가 되며, 새로운 가치를 창조하는 즐거움을 너무나 잘 알고 있으니까!

• 웃으면서 '짱' 들을 넘어서기, 춤추며 세상을 건너기 •

물론, 우리에게 강요된 무거운 규칙들을 가볍게 벗어나는 일이 결코 쉽지는 않다. 우릴 짓누르는 정체불명의 권위와 명령들.「스쿨 오브 락」은 그걸 '짱' 이라 부른다. 똑같이 움직이고, 같은 책을 읽고, 이미 정해져 있는 정답을 말해야만 만족하는 학교와 부모님과 선생님,

「스쿨 오브 락」

놀이는 아이들의 무표정에 생기를 부여한다. 자, 두 눈에 힘을 주고, 나를 가득 채운 이 즐거움을 표현해봐! 가장 멋진 퍼포먼스의 주인공이 되어봐!

모두와 같지 않으면 '따'로 만들어버리기도 하는 친구들. 그 어디도 속하지 못하는 나를 무가치한 것으로 만드는 얼짱과 몸짱과 키짱과 무수한 짱들. 너무나 여러 가지 얼굴이 되어 등장하는 '짱'의 무거운 중력에서 어떻게 하면 벗어날 수 있을까?

"포기해! 그만두라고, 어떻게 해도 너흰 짱들을 이길 수 없어. 아무리 아등바등해도 세상을 지배하는 건 결국 짱들이야. 그들은 곳곳에 깔려 있지. 백악관에도, 교장실에도. 오존층을 파괴하고 정글을 없애는 것도 짱들이라구!"

미스터 S에게조차 패배주의에 사로잡혀 모든 걸 포기하고 싶은 순간은 있다. 하지만 그건 어쩐지 재미없잖아? 짱들이 만들어둔 규칙으로 게임을 하는 한 우린 결코 그들을 이길 수 없다(당연하지. 누구에게 유리한 규칙이겠어?). 그러나 어디에도 출구가 없다고 생각하는 것 또한 여전히 저들의 규칙에 짓눌려 있기 때문이다. 우리 스스로가 중력의 무게를 가볍게 벗어버리지 않는 한, 게임을 지배하는 건 언제나 짱들일 수밖에 없다.

탈주의 방법은 그 규칙과 심각하게 싸울 때만이 아니라 새로운 규칙들을 만들어내고, 우릴 지배하고 있는 규칙을 가볍게 만들 때도 얼마든지 찾을 수 있다. 그렇게 만들어낸 새로운 규칙들은 지금 이 세계가 강요하는 것과는 전혀 다른 가치, 전혀 다른 관계를 만들어낼 것이다.

새로운 규칙을 만들어라. 웃으면서 권위와 명령을 돌파하고 무력화시켜라. 열라 암울한 상황에서도 노래하고, 웃고, 춤추는 정신의 소유자였던 미스터 S는 그 웃음과 경쾌함, 놀이의 즐거움으로 '짱'을 넘어서는 에너지를 아이들에게 불어넣어 준다. 중력에 짓눌려 땅바닥에 납작하게 달라붙은 벌레가 되는 대신 가볍게 날아오르기 위해선, 무엇보다도 춤추고 노는 법을 배워야 한다. 춤을 추기 시작할 때 비로소 무거운 중력은 흔들린다. 한 곳에 머물지 않는 경쾌한 스텝, 삶과 자신과 친구들을 사랑하며 웃는 정신만이 중력을 깨뜨리며 날아오를 수 있다.

• 나를 실험하고 세계를 창조하는 놀이 •

"선생님, 저는 밴드에 들어갈 수 없어요. 밴드는 멋진 애들이 하는 건데, 전 멋지지 않거든요. 전 왕따예요." "선생님, 무대에 설 수가 없어요. 다들 비웃을 거예요. 전 뚱뚱하니까요."

발음이 어눌한 동양 남자애는 왕따이며, 뚱뚱한 여자아이는 비웃음을 산다. 우리를 확실히 옭아매고 위축시키는 이 정체불명의 '가치'들. 이에 대한 미스터 S의 대답은 단순명료하다.

"이봐, 네가 밴드에 들어오는 이상 넌 그 누구보다도 쿨해!"

지당한 말씀. 가치는 내가 만드는 것이지, 누군가가 정해서 내게 붙여주는 것이 아니다. 놀고, 노래하고, 춤추고, 그렇게 나 스스로도 모르고 있던 나의 능력을 표현할 때, 난 정말로 근사하다. 그리고 그 순간 세상은 짱들의 주문에서 풀려나 바뀌기 시작한다.

아무도 말 걸지 않던 왕따가 쿨한 키보디스트로 변신하고, 놀림

받을까 봐 무서워하던 뚱뚱한 여자아이는 무대에서 사람들을 사로잡는다. 물론 그러한 기쁨은 거저 주어지지 않는다. 누가 시킨 것도 아닌데 아이들은 손바닥에 물집이 잡히도록 연습하고, 몇 번이고 같은 부분을 반복한다. 한계를 돌파하고 변신하는 즐거운 고통을 알아버린 것이다. 아이들은 가슴 뿌듯하게 달라진 자신을 발견한다. 내 안에 숨어 있던 수만 개의 나를 발견하는 쾌감!

아이들의 일탈에 벌벌 떨며 달려온 부모들은 어땠을까? 아이들을 무대에서 끌어내리기 위해서 페스티벌에 난입한 엄마 아빠들은 무대를 사로잡는 아이들의 모습에 으쓱해지지 않을 수 없다. "아드님이 정말 재능있는데요." "댁의 따님두요."

충만한 즐거움은 어떤 노련한 설득보다도 강력하게 사람들을 감염시킨다. 그러므로 미스터 S가 말하던 멋진 공연이란, 웃으면서 세상을 넘어서는 가장 근사한 방법, 삶을 긍정하고 세상과 나를 변화시키는 놀이의 완결판이었던 거다.

우등상도 받았고 성적도 좋지만 영혼이 없던 나.
솔직히 말하려고 손을 들지만 언제나 주저하고 말았지.
그런데 마술사가 나타났어.
주문은, Kick them ass!(그것들의 궁둥이를 걷어차!)
마지막 시험은 이것.
난 완벽한 아들은 아니지만 내 모습에 반할 거예요.
─「스쿨 오브 락」의 노래 가사에서

• 자, 이제 놀아볼까? •

더 열심히 일하고, 더 빨리 만들고, 더 많이 모으라는 주문에 걸려 있는 세계의 중력이 너무 무겁다구? 일정한 속도로 우리를 실어나르는 생산 시스템이 숨 막힌다구? 쉿! 가만히 눈을 감아보라. 끝없이 반복되는 일상의 단조로움 사이에서 다른 소리들이 들려오기 시작할 테니. 단단한 콘크리트 벽 틈새에, 네모반듯한 보도블록 아래에 흐르고 있는 새로운 웅성거림들.

처음엔 아주 작은 뉘앙스의 변화라도 좋다. 그 차이에 몸을 맡기고 스텝을 밟는 것, 즐기는 것, 놀기 시작하는 것이 중요하다. 두고 보라구. 그 놀이가 어느새 물꼬를 트고 흐름을 만들어낼 테니. 웃고, 춤추고, 놀아라! 모두에게 똑같은 꿈을 이식시키는 이 지루한 행렬을 수천 갈래로 마구 퍼뜨리는 발랄한 스텝으로. 미세한 리듬의 변화가 아무도 들어보지 못한 새로운 음악을 창조한다.

제작 매뉴얼대로 반복되는 노동이 아니라 무수한 가능성을 창조해내는 놀이. 지루하게 참고 견디는 현재가 아니라 지금 이 순간 즐거움으로 가장 충만한 현재만이 나를, 세상을, 친구를 바꿀 수 있다. 놀이가 그 파워풀한 생명력을 되찾고 우리의 삶이 다시 놀이의 에너지로 채워질 때, 비로소 우리는 매순간 충만하게 행복할 것이다. 우리의 매일매일은 어느 하루도 다시는 반복되지 않을 것이다.

어때? 그럼, 한판 놀아볼까? 실패를 두려워하지는 말라구. 우린 단지 놀고 있을 뿐인 걸.

부록

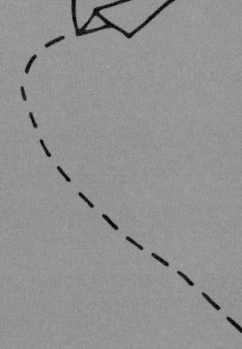

부록1
놀이의 대가들

• 예수, 놀이로 충만한 세상을 꿈꾸다 •

캉탱 바랭, 「가나의 혼인 잔치에서의 그리스도」(1618~20년)

평생을 유랑하며 가난한 사람들과 잔치를 벌이고 말씀을 전했던 예수 그리스도. 그가 꿈꾼 세상이 놀이로 충만한 세상이었다는 사실을 아는지?

그는 돈에 대해 걱정하는 사람들에게 그러지 말라고 충고한다. "공중의 새를 보아라. 씨를 뿌리지도 않고 거두지도 않고 곳간에 모아들이지도 않으나, 너희의 하늘 아버지께서 그것을 먹이신다. 너희는 새보다 귀하지 아니하냐?"(「마태복음」 6 : 26) 뿐만 아니라 입는 것에 대해서도 "들의 백합화가 어떻게 자라는가 살펴보아라. 수고도 하지 않고 길쌈도 하지 않는다"(「마태복음」 6 : 28)고 말한다. 돈을 벌기 위해 아등바등하는 삶을 경계한 것이다.

다들 알다시피, 그의 첫번째 기적은 잔치상에 술이 떨어지자 물로 포도주를 만든 것이었다. 예수는 함께 모여 웃고 떠드는 것의 소중함을 알고 있었고, 그런 놀이의 시간들 속에서 말씀을 전했으며, 일상을 축제로 바꾸고자 했다. 바리새인들은 그런 예수를 '먹보에 술꾼'이라고 불렀지만.

예수가 꿈꾼 세상이 놀이로 충만한 세계였음은 구약성경에서도 알 수 있다. '놀고 춤춘다'는 말에 해당하는 히브리어를 추적하면, 하느님 앞에 오직 놀이가 존재함을 알 수 있을 것이다. 세계는 하느님과 인간의 놀이터이며, 하느님의 지혜가 하느님 앞에서 뛰놀지니(「잠언」 8:30~31), 그때 우리는 꿈꾸는 자와 같이 될 것이며 자발적이고 황홀해질 것(「시편」 126)이요, 찬양과 흥겨운 웃음소리가 예루살렘에서 다시 들리게 될 것이다(「예레미야」 30:19). 놀이와 황홀경이야말로 구원이며, 사람들은 놀면서 충만하리라는 멋진 말씀들!

• 투이아비, 삶이라는 선물을 즐길 줄 알았던 사모아섬의 추장 •

투이아비는 남태평양의 작은 섬인 사모아의 추장이다. 그는 부족의 친구들과 함께 카바(카바나무로 빚은 민속 술)를 마시고, 바나나와 타로(주식으로 먹는 토란)와 잼을 먹고, 마을 광장에서 놀고, 노래를 부르고, 춤을 추며 살았다.

20세기 초반에는 유럽을 여행했다. 그곳에서 건강하고 즐거운 삶으로부터 맹렬히 도망치는 어리석은 허연 인간들을 보고 깜짝 놀라서 부족 사람들에게 전한 이야기가 바로 『빠빠라기』. 한 독일인 선교사가 번역해서 책으로 냈으니 읽어보자. 우리가 얼마나 기괴한 삶을 살고 있는지 외부의 눈으로 볼 수 있는 소중한 기회다.

야생마처럼 달리는 자유로운 몸의 주인, 아무것도 소유하지 않음으

추장 투이아비(왼쪽)와 그의 부인(오른쪽)

로써 가장 넉넉한 영혼을 가진 자인 투이아비의 연설은 간결하고 놀라운 성찰로 가득하다. 무엇보다도 인생이란 따뜻한 햇볕을 듬뿍 쬐듯 흠뻑 즐기고 놀아야 하는 아름다운 선물이라는 것을!

"빠빠라기는 우리가 …… 마을 광장에서 축제를 벌이고 배부르게 먹을 수 있을 만큼 일하는 것보다 왜 더 많은 일을 해야 하는지에 대해 한 번도 솔직한 의견을 말해주지 않았다.

그들이 보기에는 우리가 일을 너무 조금 하는 것 같고, 우리의 삶도 가난해 보일 것이다. 그러나 섬에 살고 있는 진정한 사내요, 형제는 일을 할 때 지겨워하지 않고 즐거워한다. 즐겁지 않으면 차라리 하지 않는다. 바로 그 점이 우리가 흰둥이들과 다른 점이다.

빠빠라기는 일에 대해 말할 때 무거운 짐에 가위눌린 사람처럼 한숨부터 내쉰다. 그런 반면 사모아의 젊은이들은 노래를 부르며 타로를 캐러 가고, 젊은 처녀들은 노래를 부르며 물살 센 시냇가에서 허리 도롱이를 빤다.

위대한 영혼(신)은 우리가 직업 때문에 잿빛으로 변하거나, 두꺼비나 갯벌에 사는 작은 벌레처럼 슬금슬금 기어다니는 것을 분명히 좋아하시지 않을 것이다. 그분은 우리가 어떤 짓을 하든 당당하게 서 있고 즐거움으로 눈을 반짝이며 팔다리를 자유자재로 움직이는 것을 바라신다."
(투이아비, 『빠빠라기』에서)

• 에드 우드, 사소한 건 신경 쓰지 말고 즐겨라! •

에드 우드(왼쪽)와 그가 만든 「외계로부터의 9호 계획」 포스터(오른쪽)

1950년대에 활약한(?) 에드 우드는 '영화 역사상 최악의 감독'이라는 타이틀로 유명하다. 그는 단 한 번도 영화 교육을 받아본 적이 없으며, 할리우드 스튜디오가 제작하는 영화는 단 한 편도 연출하지 못했지만, 무수한 흑백영화를 제작했다. 각본부터 연출까지 혼자서, 3일 동안 대본 쓰고 7일 만에 촬영하여 완성하는 초절정 저예산 독립영화! 완성할 때마다 그는 두근거리는 가슴을 안고 영화사를 찾아가지만, 사람들의 반응은? "이렇게 거지 같은 영화는 난생 처음일세!"

그는 영화를 만들 때 '사소한' 문제에는 신경 쓰지 않았다. 주로 호러와 SF를 만들면서도 특수효과가 정말처럼 보이든 말든 상관없다고 믿어 의심치 않았던 것이다! 한 장면 안에서 낮과 밤이 교차하는데도 에드 우드는 말한다. "관객들은 그런 사소한 건 신경 쓰지 않아!" 그래서 그의 영화엔 사발면 용기에 은색 라카를 뿌린 듯한 비행접시가 줄에 매달려 날아다니고, 모터가 고장 난 커다란 문어 괴물을 (괴물과 엉켜 싸우는 역할의) 배우가 직접 흔들어대며, 마분지로 만든 묘비를 배우가 지나가다 쓰러뜨리기까지 한다. 게다가 배우들은 모두 에드 우드의 친구들. 어설픈 연기에 책 읽는 듯한 대사는 그야말로 가관이다.

제작비를 구하느라 쩔쩔매고, 소품을 구하기 위해 영화사 스튜디오에 소품 서리를 가는가 하면, 그렇게 애써 만든 영화가 시사회에서 사람들의 분노를 사는 바람에 도망 나와야 하는 일도 비일비재했지만, 그는 영화 만들기를 그만두지 않았다. 아니, 영화를 찍기 위해서라면 어떠한 수모도 기꺼이 감수했다!

반세기가 지난 지금, 자신에 대한 애정이 듬뿍 담긴 전기 영화가 만들어졌을 뿐 아니라 자신의 영화에 열광하는 수많은 컬트 팬들이 있다는 걸 그는 알까? 한 평론가는 그에게 '작가'라는 칭호를 아낌없이 부여했다. 비록 믿을 수 없을 만큼 엉성할지언정, 그의 영화는 누가 봐도 그의 작품인지 알 수 있을 만큼 확실한 개성을 가졌다는 것이다. 하긴 아무렴 어떠랴. 그에 대한 평가가 어떻게 바뀌건, 에드 우드는 영화 만들기 그 자체를 흠뻑 즐겼는데!

• '자유로운 놀이'를 공유하고자 한 최초의 해커들 •

1960년대 MIT에서 최초로 컴퓨터를 구입하자 대학 내 동아리인 '테크모델철도클럽'(TMRC: Tech Model Railroad Club)의 회원들은 이 기계에 푹 빠져서 밤마다 몰래 컴퓨터를 가지고 놀았다.

스스로를 '해커'라 부른 이들은 1969년 인터넷의 시초인 ARPAnet

테크모델철도클럽 회원들

이 구성되면서 전세계적 네트워크를 형성하고 「해커윤리강령」을 만든다. 그 첫번째 항목은 바로 '해피 해킹!' "자기가 좋아하는 건 좋아하는 사람들과 함께 나눠야 하고, 즐겁게 놀기 위해선 친구들과 정보를 공유해야 한다"는 것이다. 이들은 정보를 공유하고 업그레이드하는 해킹이야말로 즐거운 지적 놀이라고 믿었다.

그럼, 나머지 해커 윤리 강령은?
- 모든 권력을 불신할 것!
- 해커는 해킹으로만 평가받는다!(나이, 성별, 지위고하를 막론하고!)
- 컴퓨터를 통해 즐거움과 아름다움을 창조하자!
- 컴퓨터는 모든 생활을 더 낫게 만들 것이다!

• 마르코스, 검은 마스크의 협객 •

검은 마스크를 쓴 마르코스는 멋지다. 할아버지의 할아버지 시절부터 그곳에 줄곧 살아왔을 원주민들이 개발이라는 이름으로 내몰리게 된 멕시

멕시코 사파티스타민족해방군(EZLN) 부사령관 마르코스

코 고산지대에서, 쫓겨난 농민들로 구성된 반란군을 이끌고 기나긴 싸움을 시작한 마르코스는 멋지다. 도무지 희망이라곤 없을 것 같았던 그곳에서 새로운 세계를 기획하고, 새로운 가능성을 토론하고, 새로운 공간을 만들기 위해 분투하는 마르코스는 정말 멋지다. 그는 원주민들의 투쟁을, 더 나아가 기업과 전쟁이 말살하는 모든 것들을 지키기 위한 싸움을 상세히 기록하고 전세계에 알려왔다. 검은 마스크만큼이나 근사한 시와 문장으로.

마르코스는 말한다. "우리가 원하는 건 역사에 틈새를 내는 것"이라고. 그는 바꾸는 것이 너무나 단단하게 보이는 세상에서 틈새를 찾아내 파고드는 것임을 잘 알고 있다. 틈새를 파고들면 그 안에서 다른 가능성들이 샘솟기 시작한다. 더 중요한 것은, 마르코스가 싸움은 즐거움의 힘으로만 계속할 수 있다는 것을 알고 있다는 거다. 힘들기만 한 싸움은 지속될 수 없다. 세상을 바꾸는 건 가장 즐거운 놀이여야 한다.

마르코스는 언제나 새로운 이야기를 아이들에게 들려준다. 그는 타고난 이야기꾼이며, 그 이야기들 안에는 즐거움과 희망이 반짝거린다. 아이들은 지혜로운 딱정벌레 두리토의 이야기를, 아주 작은 생쥐의 이야기를, 차가운 발과 뜨거운 발의 이야기를 눈을 반짝이며 듣는다. 그러나 그가 들려주는 이야기들 중 역시 가장 멋진 건 세상을 바꾸기 위해 싸운 검은 마스크의 협객 이야기가 아닐까. 아이들은 검은 마스크를 쓰고 멋진 신세계를 꿈꾸는 협객의 모험담을 듣고 자라날 것이다. 세상을 바꾸는 즐거운 꿈을 함께 꾸면서.

• 은주와 성공, 가장 멋진 규칙을 만들어낸 춤꾼 •

"춤은 어느 시대에나 또 누구에게나 순수한 놀이이다. 그것은 이 세상에 존재하는 가장 완전한 형태의 놀이이다."(호이징가)

흥겨운 잔치에 절대로 빠질 수 없는 건 바로 음악과 춤. 춤은 흘러넘치는 즐거움을 온몸으로 표현한다. 불행히도 우리나라에서 춤은 좀 이상한 편견 속에 존재했다. 어둑시근한 조명, 한눈에도 삐리리해 보이는 남녀, 카바레와 나이트클럽 아니면 고속버스의 춤판. 흠흠, 거 참 슬픈 일이 아닐 수 없다. 그러던 춤이 밝고 환한 거리로 쏟아져 나오며, 무수한 춤 애호가들이 생겨나기 시작한 건 1990년대 후반의 일. 은주와 성공은 거기에 커다란 역할을 했던 춤꾼들이다.

대학 시절에 우연히 춤의 매력에 흠뻑 빠진 후, 직접 남미에 가서 춤을 배운 은주와 성공. 많은 사람들이 함께 춤의 즐거움을 누릴 수 있길 바라던 그들이 한국에 돌아와서 만든 건 학원이 아니라 동호회였다. 돈을 주고받는 대신, 먼저 춤을 배운 사람이 또 다른 사람에게 그 춤을 전달하는 '품앗이'가 바로 그들이 만든 새로운 규칙이었다.

배워서 남 주기! 이 새로운 규칙은 배우고 가르치는 과정이 곧 친구들을 만나는 과정이 되도록 했다. 춤을 사랑하며 유쾌하게 삶을 놀이하는 사람들은 짧은 시간 동안 엄청나게 증식했다. 배워서 남 주는 규칙의 다

아르헨티나 땅고 동호회인 'Solo Tango'에서 사람들에게 땅고를 가르쳐주는 은주·성공

른 동호회들 또한 잔뜩 만들어져 이제 춤은 어두운 카바레를 나와 확실히 다른 표정을 갖게 되었다.

춤은 최소한의 규칙으로 무한히 많은 것을 표현한다. 은주와 성공이 가장 사랑하는 춤인 아르헨티나 땅고의 규칙은 단 하나, 바로 시계 반대 방향으로 진행하라는 것. 같은 공간에서 춤을 추는 다른 사람들을 배려하기 위한 이 규칙을 몸에 익히고 나면 놀라운 경험을 하게 될 것이다. 네 박자로 이어지는 땅고 음악의 선율이 얼마나 무한한 배리에이션(변주)을 만들어내는지, 그리고 그 음악과 호흡하는 순간 내 몸은 얼마나 미세한 차이로 가득한 공간이 될 수 있는지.

• 존 케이지, 현대 음악계를 뒤집어놓다 •

1952년 8월 29일, 청중들로 가득 찬 뉴욕의 한 콘서트홀. 무대에 등장한 피아니스트는 정중하게 인사를 한 후 피아노 앞에 앉아 악기의 뚜껑을 연다. 큰 박수로 그를 맞이한 후 숨을 죽인 채 연주를 기다리는 관객들. 하지만 이게 웬일? 정작 연주자는 아무것도 할 생각이 없다는 듯 가만히 앉

존 케이지(좌)와 「4분 33초」에 쓰인 악보(우). 'TACET'는 침묵이라는 뜻이며, 세 악장은 각각 33초, 2분 40초, 1분 20초로 구성된다.

아만 있는 것이 아닌가. 관객들은 뭔가 이상하다고 생각하면서도 참을성 있게 연주를 기다린다.

장내는 언제 시작될지 모르는 음악을 기다리는 긴장으로 가득하고, 그 고요함을 깨뜨리는 건 바깥에서 들려오는 자동차 경적 소리, 홀 밖에 서 있는 나무들을 스치는 바람 소리, 지붕을 때리는 빗방울 소리, 의자가 삐걱대는 소리, 여기저기서 들려오는 어색한 기침 소리와 소근거리는 소리뿐이었다. 평소 귀 기울여본 적 없는 이 모든 소음들이 너무나 선명하게 울려 퍼지는데, 피아니스트는 문득 피아노 뚜껑을 닫더니 일어나서 인사를 하고 퇴장한다. 그가 피아노 앞에 앉아 있었던 시간은 정확히 4분 33초. 이것이 바로 현대음악에 '우연'이라는 전혀 새로운 규칙을 제시했던 존 케이지가 작곡한 「4분 33초」라는 곡의 초연이었다.

당황한 관객들이 웃음을 터뜨리거나 화를 낸 것은 물론이요, 현대 음악계는 당연히 발칵 뒤집혔다. 아무것도 연주하지 않은 「4분 33초」가 어떻게 음악일 수 있단 말인가! 음악이란 인간이 음을 구축하고 지배함으로써 만들어지는 것이 아니던가. 그러나 존 케이지는 이 연주회장에서 4분 33초 동안 우연히 만들어진 모든 소리가 바로 음악이며, 청중들 각자가 작가이자 작품이라고 말하고 있다. 4분 33초 동안 만들어진 모든 소리 안에서 청중과 연주자라는 구분은 없었으며, 청중은 능동적인 주체였던 것이다.

모두를 당혹하게 만든 존 케이지의 이 짓궂은 놀이는 기존의 음악이 갖고 있던 규칙들을 완전히 바꿔버렸다. 이제 음-없음, 휴지(休止), 심지어 소음마저도 음악이다. 모든 우연한 소리들과 그 소리 사이의 공백까지 그것들이 음악으로 존재할 권리를 부여하기. 케이지의 음악을 듣는다는 것은 누군가가 만들어낸 결과물에 귀를 기울이는 것이 아니라, 매번 다르게 창조되는 우발적인 세계에 동참하여 스스로가 음악이 되는 것이다.

• 조약골, 가장 아름다운 일상을 놀다 •

"불편함은 곧 사라진다. 처음에 불편하던 것이 얼마 후엔 익숙해진다. 불편함이 편리함이 되는 것이다. 이것이야말로 일상에서 즉각적으로 경험할 수 있는 혁명인데, 나는 그런 경험들을 하는 이 삶이 즐겁다."

조약골은 스쾃터이다. 미군기지를 만들기 위해 농민들을 쫓아내고 있는 농촌 마을 빈집에서 몇 년째 살고 있다. 이제 더 이상 빈집이 아닌 그곳에 '옆집'이라는 재밌는 이름을 지어주고 방마다 다른 색깔의 페인트를 이용해 강렬한 인테리어를 했다. (그러니까, 그는 모두에게 '옆집'에 사는 사람이다. 친근하기도 해라!)

그는 가수이기도 하다. 얼마 전엔 그의 '옆집 레이블'에서『평화란 무엇이냐』라는 앨범이 나왔다. 그는 활짝 웃으면서 말한다. 친구들과 함

'평화유랑단' 버스 위에서 노래하는 조약골

께 가사를 쓰고 곡을 만들고 신나게 노래를 불렀다고. 또 다른 친구가 앨범 재킷을 디자인해주었고, 자전거로(그는 언제나 자전거를 타고 다닌다!) 시장에 가서 시디를 사고, 속지까지 일일이 만들어 넣었다고. 그 모든 과정이 정말정말 행복하고 뿌듯했다고.

'옆집' 화장실은 수세식이 아니라 생태화장실이다. 똥 위에 왕겨나 볏짚, 톱밥을 뿌려주면 똥이 발효되어서 든든한 거름이 되고, 냄새도 전혀 안 난다. 그는 직접 만든 거름으로 건강한 야채를 키우고 그것으로 반찬을 만들어 먹는다. 맹물로만 머리를 감으며(그런데도 그의 긴 머리칼은 얼마나 찰랑거리는지!), 환경을 파괴하지 않을 뿐더러 건강에도 좋은 대안생리대를 만드는 법을 친구들에게 가르쳐준다. 우와! 귀찮아서 어떻게 사느냐고? 천만에, 그 모든 것은 그에게 있어 즐거움이다. 잠깐 조약골의 목소리를 들어볼까?

"자본주의가 선사하는 편리하다는 것은 도대체 무엇인가? KTX를 만들어 서울과 부산을 빠르게 왕복하는 것이 편리한 것인가? 손 하나 까

딱하지 않아도 돈을 주고 소비를 하면 척척 알아서 모든 것을 처리해주는 서비스가 편리한 것인가? 그 편리라는 이름으로 우리는 더 깊은 자본주의의 강요된 노동의 나락으로 떨어지는 것은 아닌가?

일회용 생리대를 쓰고 버리기 위해 그것을 구매할 돈을 벌어야 한다. 자동차를 굴리기 위해, 거기에 넣을 기름을 가져오기 위해 우리는 힘들게 노동을 해야 한다. 수세식 화장실을 사용하면서 내려 보내는 물값을 대기 위해 우리는 원하지 않는 노동을 해야 한다. 고기를 먹기 위해 대량으로 사육되는 동물들은 또한 얼마나 많은 물과 토지와 곡물을 낭비하고 있으며, 그로 인해 얼마나 심한 굶주림과 환경 파괴가 자행되고 있는가."

그는 노동을 거의 하지 않는다. 별로 필요한 게 없으니, 돈도 그다지 필요하지 않다. 자신이 좋아하는 글들을 번역해서 약간의 돈을 버는 게 전부다. 그가 블로그에 올리는 일상은 살짝 훔쳐봐도 즐겁고 행복한 에너지로 가득하다. 그는 자신이 좋아하는 것들을 하며, 자신이 원하는 방식으로 즐겁게 살아가는 멋진 놀이꾼이다.

부록2
인물 찾아보기

게바라(Ché Guevara, 1928~1967)   170
라틴아메리카의 게릴라 지도자이자 혁명 이론가. 부에노스아이레스대학에서 의학 박사학위를 받고, 혁명 지도자 피델 카스트로(Fidel Castro)와 함께 쿠바혁명을 이끌었던 그는 볼리비아의 혁명을 위해 싸우다 볼리비아 정부군에게 붙잡혀 1967년 10월 9일 발레그란데 근처에서 총살되었다.

게이츠(Bill Gates, 1955~)   140
마이크로소프트(MS)의 회장 겸 최고경영자. 13세 때부터 컴퓨터 프로그래밍을 시작한 그는 1973년 하버드대학에 입학했으나 1975년 학교를 그만두고 폴 앨런(Paul Allen)과 함께 MS사를 설립했다. 1986년 MS사가 상장되면서 억만장자의 대열에 합류했다.

고소 이와사부로(高祖岩三郞)   176
그래픽 디자이너·번역자·도시문화 운동가. 뉴욕에서 거주하며 도시문화 운동에 대해 집필하고 있다. 잡지 『VOL』의 편집위원이기도 한 그는 철학자 가라타니 고진(柄谷行人)의 『은유로서의 건축』과 『트랜스크리틱』을 영역했으며, 저서로 『뉴욕 열전 : 투쟁하는 세계민중의 도시공간』 등이 있다.

굽타(Shilpa Gupta, 1976~)   64
인도에서 활약하는 현대 예술가. 조각을 공부한 그녀는 웹을 매체로 삼아 일련의 인상적인 작업들을 진행해왔다. 동시대의 작가들과 마찬가지로, 그녀에게 웹은 확장된 또 하나의 세계이다. 작품으로 「무제」 연작이 있다.

김홍도(金弘道, 1745~?)　108
조선시대의 화가. 산수화·인물화·신선화(神仙畵)·불화(佛畵)·풍속화에 모두 능했고, 특히 산수화와 풍속화에 새로운 경지를 이룩한 것으로 평가받는다. 본문의 「고누놀이」는 풍속화첩의 하나로 30대에 만든 작품이다.

뉴턴(Isaac Newton, 1642~1727)　185, 188
물리학자·천문학자·수학자·연금술사. 수학에서 미적분법을 창시했고, 반사망원경을 제작했다. 하지만 그의 가장 큰 업적은 물리학에서 만유인력의 법칙이라는 역학의 체계를 확립한 것이다. 그의 역학적 자연관은 18세기 계몽주의 사상에 큰 영향을 끼쳤다. 주요 저서로 『프린키피아』(1687)가 있다.

니어링(Helen Knothe Nearing, 1904~1995)　124
평화주의자이자 생태주의자. 24살 때 스콧 니어링(Scott Nearing)을 만나 삶의 가치관을 바꾼 그녀는 현대 문명 사회에서 벗어나 자연에 해를 끼치지 않고 자급자족하며 사는 삶을 실천에 옮겼다. 주요 저서로 『헬렌 니어링의 소박한 밥상』(1980), 『조화로운 삶의 지속』(1987), 『조화로운 삶』(1990), 『아름다운 삶, 사랑, 그리고 마무리』(1992), 『인생의 황혼에서』(1995) 등이 있다.

니체(Friedrich Wilhelm Nietzsche, 1844~1900)　79, 80, 85, 106, 107
철학자. 목사의 아들로 태어나 신학과 고전문헌학을 공부하고, 25세의 젊은 나이로 스위스 바젤대학 교수로 임명되었다. 2천 년 유럽 문명을 비판하고 그것을 극복하고자 한 그의 사상은 생전에는 인정받지 못했으나, 19세기 말부터 인정받기 시작해 20세기 문학과 사상에 지대한 영향을 끼쳤다. 주요 저서로 『인간적인 너무나 인간적인』(1878~80), 『차라투스트라는 이렇게 말했다』(1883~85), 『선악의 저편』(1886), 『도덕의 계보』(1887) 등이 있다.

뒤샹(Marcel Duchamp, 1887~1968)　102, 103
화가·조각가. 1913년부터 다다이즘의 선구라 할 수 있는 반(反)예술적 작품을 발표하기 시작했고, 뉴욕에 독립미술협회를 결성하여 반예술 운동을 일으켰다. 제1차 세계대전 뒤 파리에 돌아와 초현실주의 운동에 참여했다. 「계단을 내려오는 누드」(1912)와 「샘」(1913) 등이 유명하다.

들뢰즈(Gilles Deleuze, 1925~1995)　92
프랑스 철학자. 근대 이성의 재검토라는 흐름 속에서 경험론과 관념론을 새로운 차원에서 종합하였고, 현대 학문과 예술에 철학적 깊이를 더하는 작업을 통해 철학의 울타리를 넘어서서 광범위한 영향력을 획득했다. 저서로『니체와 철학』(1962),『차이와 반복』(1968),『안티 오이디푸스』(1972),『천 개의 고원』(1980) 등이 있다.

DJ 쿨 허크(DJ Kool Herc, 1955~)　149
자메이카 출신의 힙합 뮤지션. 1970년대에 활동을 시작한 힙합의 선구자이다. 브레이크비트 디제잉의 창시자로도 알려져 있다. 오늘날에도 전세계 곳곳을 누비며 디제잉을 하고 있다.

라뒤리(Emmanuel Le Roy Ladurie, 1929~)　34, 44
역사학자. 아날의 제3세대 대표주자로서, 프랑스에서는 물론 세계적으로도 널리 알려진 역사가 가운데 한 사람이다. 주요 저서로『랑그독의 농민들』(1966),『몽타이유』(1975),『로망의 사육제』(1980) 등이 있다.

라블레(François Rabelais, 1494~1553)　88, 89
르네상스 시기의 프랑스 작가. 프란체스코 수도회 소속으로 수도사 생활을 하다가 성직을 포기한 이후 의학과 작품 활동을 하였다. 주요 작품으로는『팡타그뤼엘』(1532),『가르강튀아』(1534),『팡타그뤼엘 제3서』(1546),『팡타그뤼엘 제4서』(1552) 등이 있다.

라파르그(Paul Lafargue, 1842~1911) 46, 49
사회주의 운동가·저널리스트. 맑스(Karl Marx)·엥겔스(Friedrich Engels)의 저작을 프랑스어로 번역하는 등 맑스주의를 보급하는 데 큰 몫을 했다. 1871년 파리코뮌 때 크게 활약했고, 스페인 망명 뒤 돌아와 사회주의 성향의 출판사에서 무보수로 일하면서 정력적으로 활동했다. 1911년 맑스의 딸이자 자신의 아내인 라우라(Laura Lafargue)와 함께 자살했다. 주요 저서로 『게으를 수 있는 권리』(1883), 『역사에 있어서의 관념론과 유물론』(1895) 등이 있다.

라파엘로(Sanzio Raffaello, 1483~1520) 74
화가이자 건축가. 다빈치(Leonardo Da Vinci), 미켈란젤로(Michelangelo Buonarroti)와 함께 르네상스 고전 예술을 완성한 3대 예술가 중 한 명이다. 「아테네학당」(1510), 「갈라테이아의 승리」(1514) 등의 작품이 있다

러셀(Bertrand Arthur William Russell, 1872~1970) 49
논리학자·철학자·수학자·사회사상가. 빈 학파의 형성과 영국 논리 철학의 발전에 큰 영향을 끼친 그는 평화주의자로서 반전운동을 전개하다 투옥되기도 했다. 말년에는 베트남반전운동과 원자·수소폭탄 사용금지운동을 했다. 주요 저서로 화이트헤드와 공저한 『수학원리』(1910~13)를 비롯하여 『철학의 제문제』(1912), 『서양철학사』(1945) 등이 있다.

러시코프(Douglas Rushkoff, 1961~) 195
뉴욕대학 교수이자 사회이론가. 1990년대 이후 가장 영향력 있는 사이버 문화 이론가 가운데 한 명으로, 『뉴욕 타임스』를 비롯한 여러 매체에 칼럼을 기고하고 있다. 대표적인 저서로 『카오스의 아이들』(1996)이 있다.

레논(John Winston Lennon, 1940~1980) 152, 153
록밴드 비틀즈의 핵심 멤버. 20세기 가장 위대한 대중음악가 중 한 사람으로 꼽힌다. 반전·평화·사랑을 노래하는 정치적인 음반을 발표하여 20세기 후

반 미국 반문화의 영웅이 되었다. 1980년 12월 8일, 광적인 팬 마크 데이비드 채프먼이 쏜 권총에 맞아 자신의 아파트에서 사망했다.

리베라(Diego Rivera, 1886~1957) 50
화가. 11살 때부터 멕시코미술학교에서 미술 공부를 시작, 유럽 여러 나라를 거쳐 1911년부터 파리에서 활동했다. 브라크·피카소 등의 입체파 화가들과 교류하며 자신만의 조형 언어를 탄생시켰다. 멕시코혁명 이후 귀국하여 멕시코 토착 문화와 역사·사회 문제를 형상화한 대형 벽화를 제작했다. 대표작으로 「농민지도자 사파타」(1931), 「디트로이트 산업」(1932~33) 등이 있다.

마르코스(Subcomandante Marcos, 1957?~) 216, 217
멕시코 사파티스타민족해방군(EZLN)의 부사령관이자 실질적인 지도자. 반란 초기에는 무장투쟁을 전개했으나, 나중에는 인터넷에 각종 메시지와 성명을 발표하는 '언어의 전쟁'을 벌였다. 빼어난 문장으로 성명서, 연설문, 편지, 에세이, 이야기책 등을 발표했다.

마르쿠제(Herbert Marcuse, 1898~1979) 164
독일의 철학자이자 사회학자. 아도르노(Theodor W. Adorno)·호르크하이머(Max Horkheimer) 등과 함께 프랑크푸르트대학에서 활동했다. 히틀러가 권력을 잡은 후 1934년에 미국으로 이주한 그는 권위주의와 파시즘의 문제를 집중적으로 연구했다. 절대 거부의 정신에 바탕을 둔 그의 문화·사회이론은 신좌파운동에 결정적인 영향을 주었다. 주요 저서로 『일차원적 인간』(1946), 『에로스와 문명』(1955), 『소비에트 마르크스주의』(1958) 등이 있다.

마티스(Henri Matisse 1869~1954) 110
화가. 20세기 초의 미술 운동인 야수파의 한 사람인 그는 자유롭고 강렬한 색채를 통해 자신의 경험과 감정을 표현하는 것을 중시하였다. 「춤」(1910)과 「음악」(1939) 등의 대표작이 있다.

맑스(Karl Marx, 1818~1883) 33, 72, 75, 76

철학자이자 혁명가. 헤겔의 영향을 받아 무신론적 급진 자유주의자가 되었지만, 유물론적 세계관을 정립하면서 과학적 공산주의자로 탈바꿈했다. 1847년 엥겔스와 함께 『공산당선언』을 발표하여 각국의 혁명에 불을 지폈고, 많은 사회주의자·사상가들에게 큰 영향을 끼쳤다. 그 밖의 저서로 『경제학-철학 수고』(1844), 『헤겔 법철학 비판』(1844), 『독일 이데올로기』(1845), 『철학의 빈곤』(1847), 『자본론』(1867~94) 등이 있다.

모어(Thomas More, 1478~1535) 36

영국의 정치가이자 사상가. 목사가 되려다 포기하고 하원의원과 변호사로 활동하면서 이상사회를 묘사한 유명한 작품 『유토피아』(1516)를 남겼다.

무라카미 류(村上龍, 1952~) 190

소설가. 록밴드에서 드럼을 연주하고 8mm 단편영화를 찍으며 학창 시절을 보냈다. 프랑스 68혁명의 영향이 일본에 가득했던 1969년에 학교 옥상을 바리케이드로 봉쇄했다가 무기정학을 당한다. 『69』는 그때의 경험을 바탕으로 쓴 소설이다. 일본 근대문학에 사실상의 사망선고를 내린 작가로 불리며 활약 중이다. 『한없이 투명에 가까운 블루』(1976)가 대표작이다.

바스키아(Jean-Michel Basquiat, 1960~1988) 146

그래피티 아티스트. 17살 때 낙서그룹 SAMO(Same Old Shit의 약자)를 조직, 스프레이 낙서를 시작했다. 1980년 첫 그룹 전시회 '타임스 스퀘어 쇼'에서 인정받고, 블랙 피카소라 불리며 팝아트 계열의 천재적인 신인으로 부상한다. 낙서, 인종주의, 해부학, 만화 등 다양한 주제로 도발적인 작품세계를 펼치고, 거리의 그래피티를 예술로 승화시켰다.

바흐친(Mikhail Mikhailovich Bakhtin, 1895~1975) 88, 89, 91

러시아의 문학이론가. 형식주의 이론을 발전시킨 독자적인 대화 이론과 카니발론 등으로 유명하다. 주요 저서로 『도스토예프스키 시학의 제문제』(1929), 『프랑수아 라블레의 작품과 중세 및 르네상스의 민중문화』(1965) 등이 있다.

반크시(Banksy, 1974?~)　100, 104

그래피티 아티스트. 거리의 벽에 풍자와 기지가 가득한 벽화를 남기거나 미술관을 습격해 명화를 패러디한 자신의 그림을 걸기도 했다. 슈퍼 쿨 아티스트, 아트 게릴라, 심플 반달(Simple Vandal) 등으로 불리며 젊은이들 사이에서 열광적인 지지를 얻고 있다. 런던의 주요 거리에서 볼 수 있는 그의 작품들은 '깨끗한 런던 거리(KEEP BRITAIN TIDY) 연합회'에 의해 반사회적 행동으로 규정되었다.

베버(Max Weber, 1864~1920)　43, 44

사회학자·정치경제학자. 맑스, 뒤르켕(Émile Durkheim) 등과 함께 현대 사회학을 창시한 사상가로 꼽힌다. 주요 저서로는 『사회과학적 및 사회정책적 인식의 객관성』(1904), 『프로테스탄티즘의 윤리와 자본주의 정신』(1904~05) 등이 있다.

볼(Hans bol, 1534~1693)　30

폴란드의 일러스트레이터 겸 화가. 이미 화가였던 두 명의 친척에게 수련을 받으며 도제 생활을 거친 후 장인으로서의 화가 생활을 시작한다. 수채와 유채 그림에 능해 명성을 얻었으며 풍경 그림과 종교화, 우화 등을 그렸다. 작품으로「농민들의 축제」가 유명하다.

브레고비치(Goran Bregovic, 1950~)　162

음악가. 구 유고슬라비아에서 음악 활동을 하던 그는 내전으로 인해 활동할 수 없게 되자 생계를 위해 영화 음악을 시작했다. 영화「집시의 시간」의 음악으로 널리 알려졌으며, 1995년에「언더그라운드」가 만들어질 때쯤 발칸반도의 정서와 집시적인 사운드를 이어받은 '웨딩&퓨너럴 밴드'를 결성했다.

브뢰겔(Pieter Bruegel the Younger, 1564~1638)　26
16세기 가장 위대한 플랑드르 화가 가운데 한 사람이다. 초기에는 주로 민간 전설·신화·미신 등을 테마로 하다가, 브뤼셀로 이주한 뒤 농민전쟁 기간의 사회 불안과 스페인의 가혹한 압정에 대한 분노 등을 종교적 제재로써 표현했다. 주로 농민들의 생활과 축제를 즐겨 그린 그는 네덜란드 풍속화의 아버지라고 불린다. 「어린이의 놀이」(1569), 「눈 속의 사냥꾼들」(1565) 등이 대표작이다.

슈츠(Bernard Herbert Suits, 1925~)　76
철학자. 워털루대학에서 철학을 가르치는 그는 과학과 윤리학, 그리고 게임에 대해 철학적인 논의를 해왔다. 주요 저서로 『베짱이의 놀이, 삶, 유토피아』(1978)가 있다.

스미스(Adam Smith, 1723~1790)　34
고전경제학의 창시자로서, '경제학의 아버지'라고 불린다. 근대인의 이기심을 경제 행위의 동기로 보고, 이에 따른 경제 행위는 '보이지 않는 손'에 의해 종국적으로는 공공복지에 기여하게 된다고 생각했다. 주저로 『도덕감정론』(1759), 『국부론』(1776) 등이 있다.

스톨만(Richard Matthew Stallman, 1953~)　139~142
해커·소프트웨어 개발자·자유 소프트웨어 운동 활동가. 1971년 MIT의 인공 지능 연구소에서 일하던 시절, 소프트웨어가 사적 재산으로 인정되는 것을 못마땅하게 여겨 무료 소프트웨어를 개발하는 재단을 창설했다. 1980년대에 UNIX와 완전 호환되는 공개 운영체계인 GNU를 만들었다.

시울라(Joanne B. Ciulla, 1951~)　27
리치먼드대학의 교수이자 젭슨리더십대학원의 리더십과 윤리 분야 석좌교수이다. 저서로 『윤리, 리더십의 핵심』(1999), 『일의 발견』(2001) 등이 있다.

아리스토텔레스(Aristoteles, B.C. 384~B.C. 322) 73, 75
고대 그리스의 철학자. 플라톤(Platon)의 영향 아래, 감각되는 자연물을 좀더 존중하고 이를 지배하는 원인들의 인식을 구하는 현실주의적인 철학을 했다. 주요 저서로 『니코마코스 윤리학』, 『시학』, 『오르가논』 등이 있다.

아우구스티누스(Aurelius Augustinus, 354~430) 31
서구 크리스트교의 발전에 가장 크게 공헌한 철학자로서 중세의 새로운 문화를 탄생시키는 데 큰 공헌을 하였다. 주요 저서로 신과 영혼을 철학의 대상으로 삼은 『고백록』이 있으며, 그밖에 『삼위일체론』, 『신국론』 등의 책을 썼다.

아인슈타인(Albert Einstein, 1879~1955) 184
광양자설, 브라운운동 이론, 상대성 이론 등을 연구한 이론물리학자. 독일에서 태어났지만 군국주의 국가의 시민이 되길 거부하여 국적을 버렸다. 자신이 고안한 상대성이론이 원자탄 제조에 이용되는 것을 맹렬히 반대했으며, 전쟁을 반대하기 위해 평생 노력했다.

애론슨(Marc Aronson, 1946~) 98
문화사가. 청소년들의 창조적인 에너지에 대해 관심이 많으며, 미국의 유명한 청소년 도서 출판사 '크리켓북스'의 편집장이기도 하다. 그의 저서 『도발 : 아방가르드의 문화사, 몽마르트에서 사이버 컬쳐까지』(1998)는 미국 도서관협회와 출판인협회가 추천하는 '예술 분야 최고의 책'에 선정되기도 했다. 그밖에 『몰살당한 청소년 문학』(1999), 『미신 깨기』(2000) 등이 있다.

에미넴(Eminem[Marshall Bruce Mathers III], 1972~) 150, 151
미국의 백인 힙합 뮤지션. 갱스터 랩의 선구자 닥터 드레에게 발굴되어 1999년에 등장하여 선풍적인 인기를 누렸다. 사회와 사람들에 대한, 그리고 자신의 가족에 대한 독설 어린 랩으로 유명하다. 자전적인 내용을 담은 영화 「8마일」에 출연하기도 했다.

엔데(Michael Andreas Helmuth Ende, 1929~1995) 45, 61
독일의 청소년 문학 작가·배우·극작가·비평가. 20세기 가장 유명하고 대중적인 독일인 작가 중 한 사람으로 꼽힌다. 주요 저서로 『기관차 대여행』(1960), 『모모』(1974), 『끝없는 이야기』(1979) 등이 있다.

왕양명(王陽明, 1472~1528) 183
본명은 왕수인(王守仁). 중국 명나라 중기의 유학자로서 양명학파의 시초이다. 신호(宸濠)의 난을 평정한 명장이면서도 각처에 학교를 세워 신분의 높고 낮음에 상관없이 후학을 양성하였다. 왕심재(王心齋)·전서산(錢緖山)·왕용계(王龍溪) 등이 그의 어록인 『전습록』(傳習錄)을 간행하였다.

우드(Edward D Wood Jr., 1924~1978) 214, 215
미국의 영화감독. 1950년대에 독립 제작 방식으로 초저예산 공포영화·SF영화 등을 찍었다. 영화 기교적 허점, 단순한 특수효과, 괴상한 대사들과 비정상적인 이야기 진행으로 영화 역사상 최악의 감독으로 꼽히기도 하지만, 이후 그의 영화에서 드러나는 명백한 열정과 영화에 대한 사랑을 느낀 이들에 의해 재조명받기 시작했다. 대표작으로 「글렌 혹은 글렌다」(1953), 「괴물의 신부」(1955), 「외계로부터의 9호 계획」(1958) 등이 있다.

채플린(Charles Spencer Chaplin, 1889~1977) 47, 48
희극배우 겸 영화감독. 할리우드 초기에 웃음과 눈물, 유머와 페이소스가 뒤섞인 영화를 만들었으며, 후기로 갈수록 사회 풍자적 요소를 더해갔다. 대표작으로 「황금광시대」(1925), 「시티라이트」(1931), 「모던 타임즈」(1936), 「위대한 독재자」(1940), 「살인광 시대」(1947), 「라임라이트」(1952) 등이 있다.

캐럴(Lewis Carroll, 1832~1898) 93
동화작가이자 수학자. 옥스퍼드대학에서 수학을 가르치던 그는 친구의 딸인 앨리스 리델에게 들려주었던 이야기를 『이상한 나라의 앨리스』(1865)와 속편 『거울 나라의 앨리스』(1871)로 펴냄으로써 세계적인 동화작가가 되었다. 부조리와 넌센스, 철학적 질문들로 가득 찬 소설과 시를 썼다.

커샛(Mary Cassatt, 1844~1926)　186
인상주의 화가. 미국에서 미술을 배웠지만 대부분의 작업을 파리에서 했다. 드가의 영향을 받았고, 어린아이에 대한 작품을 많이 남겼다. 주요 작품으로 「오페라에서」(1880), 「바닷가에서 노는 아이들」(1884) 등이 있다.

케이지(John Cage, 1912~1992)　219~221
작곡가. 그는 어떠한 소리도 음악의 재료가 될 수 있다면서 음악으로 간주하지 않던 소리들을 과감하게 사용함으로써, 서양의 음악적 사유에 근본적인 성찰을 불러왔다. 「상상적 풍경 4번」(1951), 「4분 33초」(1952) 등의 작품이 유명하다.

코렌(Stanley Coren, 1942~)　45
브리티시컬럼비아대학에서 신경생리학을 가르치고 있는 그는 베스트셀러가 된 일련의 개 시리즈――『개들은 어떻게 생각하나』(1997), 『우리는 왜 이렇게 개를 사랑하나』(1998), 『개와 대화하는 법』(2001) 등으로 유명하다. 이밖에도 『왼손잡이 신드롬』(1991), 『잠 도둑들』(1996) 등이 있다.

코르다(Alberto Korda, 1928~2001)　170
사진기자. 아르헨티나 패션사진작가였던 그는 1959년 카스트로의 혁명이 성공한 후 새 정부의 기관지인 「혁명」지에서 일했다. 쿠바 혁명을 취재한 유일한 사진기자이며 그 유명한 체 게바라 사진을 찍은 장본인이다.

코베인(Kurt Cobain, 1967~1994)　169~172
얼터너티브 록밴드 너바나(Nirvana)의 리더. 너바나는 1990년대 초 엄청난 성공을 거두며 얼터너티브록의 폭발을 이끈 밴드였다. 현실에 대한 분노와

좌절, 삶에 대한 자조 어린 생각들을 파격적인 펑크록으로 분출했다. 1994년 4월 8일, 27세의 나이로 권총 자살했다.

클라스트르(Pierre Clastres, 1934~1977)   113
프랑스의 정치인류학자. 국가가 형성되기 이전의 원시사회에 대한 현장 연구로 명성을 얻었다. 엄격한 과학적 방법을 통해 넓은 의미의 무정부주의에 도달한 인물로 평가된다. 주요 저서로 『구아야키 인디언 연대기』(1972), 『국가에 대항하는 사회』(1974)와 유고집 『폭력의 고고학』(1980)이 있다.

토발즈(Linus Benedict Torvalds 1969~)   86, 140, 141
핀란드의 소프트웨어 엔지니어. 워크스테이션이나 개인용 컴퓨터에서 주로 사용되는 공개 운영체제인 리눅스를 개발했다. 현재는 실리콘밸리의 '트랜스메타'에서 일하고 있다.

톰슨(Edward Palmer Thompson, 1924~1993)   31
영국의 역사학자이자 신좌파 운동의 주요 사상가. 1957년 『뉴리즈너』와 1960년 『뉴레프트리뷰』의 창간에 주도적인 역할을 했으며, 1980년대 이후에는 반핵운동가로 활발하게 활동했다. 주요 저서로 『영국 노동계급의 형성』(1963) 등이 있다.

투이아비(Tuiavii)   112, 113, 212~214
남태평양 사모아의 작은 섬의 추장. 젊은 시절 선교사로부터 교육을 받고 서양 문물에 대해 알게 된 그는 성인이 되어 직접 유럽의 문명세계를 만나게 되었다. 그곳에서 보고 느낀 것, 특히 문명 세계의 폐해를 원주민들에게 경고하기 위해 연설한 내용이 『빠빠라기』(1920)라는 책으로 묶여 나왔다.

패닝(Shawn Fanning, 1980~)   143
미국의 컴퓨터 프로그래머. 최초의 대중적 P2P(peer-to-peer) 사이트인 냅스터의 개발자로 유명하다. 냅스터는 개인이 가지고 있는 음악파일(MP3)들을 인터넷을 통해 공유할 수 있게 해주는 서비스로서, 계속되는 음반회사들과의 저작권 침해 송사에 휘말려 2001년 8월 문을 닫았다.

포(Edgar Allan Poe, 1809~1849) 186

시인·소설가·비평가. 뛰어난 추리력과 분석력을 바탕으로 인간의 심연을 탐구한 독창적인 단편소설들로 주목받았다. 그의 작품을 읽은 시인 보들레르(Charles-Pierre Baudelaire)가 "여기에는 내가 쓰고 싶었던 작품의 모든 것이 있다"고 말할 정도였다. 주요 작품으로는 『어셔가의 몰락』(1839), 「검은 고양이」(1845) 등이 있다.

폴라니(Karl Paul Polanyi, 1886~1964) 116

헝가리 태생의 사상가. 인간이 경제적 동물이며 시장이 자연스런 경제제도라는 주장에 반대한 그는 역사학·인류학의 증거들을 통해 인간이 이해타산 같은 경제적 동기를 멸시하고 시장 제도 또한 억제하려 했다고 주장했다. 인간이 경제에 예속된 것은 산업혁명 이후의 일임을 증명한 것이다. 주요 저서로 『거대한 변환』(1944), 『초기 제국의 교역과 시장』(1957) 등이 있다.

푸코(Michel Paul Foucault, 1926~1984) 37, 63

프랑스의 철학자. 그는 철학, 역사뿐만 아니라 문학비평, 언어학, 정신병리학, 임상의학에 이르기까지 광범위한 연구를 통해 이성에 대한 확신 위에 구축되어온 서양 근대사상을 근저에서부터 뒤흔들었다. 주요 저서로 『광기의 역사』(1961), 『말과 사물』(1966), 『지식의 고고학』(1969) 등이 있다.

프랭클린(Benjamin Franklin, 1706~1790) 41

미국의 정치가, 외교관, 과학자. 그는 정치·외교 분야에서뿐만 아니라 전기 유기체설을 제창하고 신문사를 경영하기도 하는 등 다방면에 걸쳐 업적을 남겼다. 그가 남긴 『자서전』은 미국 산문 문학 중 걸작으로 꼽힌다.

플라톤(Platon, B.C. 429?~B.C. 347)　76, 80
고대 그리스의 철학자. 소크라테스의 제자이며, 형이상학의 수립자로 평가받는다. 영원불변의 개념인 '이데아'(idea)를 통해 존재의 근원을 밝히고자 했다. 주요 저서로『소크라테스의 변명』,『파이돈』,『향연』,『국가론』,『법』등이 있다.

하이데(Holger Heide, 1939~)　53
독일의 경제학자. 1950년대 초반부터 사회주의 청년운동 활동을 하면서 68운동을 경험했다. 노동과 인간의 해방이라는 근본적인 문제를 해결하고자 다양한 좌파 서적 번역과 국제 노동자 연대에 힘을 쏟았다. 1987년 한국 방문 이후, 한국 자본주의와 노동자 운동에 대해 관심을 갖고 다양한 연대 활동을 하고 있다.

하인(Lewis W. Hine, 1874~1940)　52
사진작가. 미국 다큐멘터리의 창시자로 불린다. 소외된 계층의 일터와 슬럼가의 비참한 주거 환경에 뛰어들어 생생한 기록을 남겼다. 특히 어린 노동자들의 참담한 현실을 고발한 사진으로 아동노동법 개정에 큰 영향을 미쳤다. 사진집으로『일하는 사람들』(1932) 등이 있다.

헨리 8세(Henry VIII, 1491~1547)　37
잉글랜드의 왕(재위 1509~47). 강력한 왕권을 휘둘렀으며, 가톨릭교회와 결별하고 영국 국교회를 설립하여 종교개혁을 단행하였다.

호가스(William Hogarth, 1697~1764)　32, 40, 41
영국의 화가이자 판화가. 만화의 선구자로 여겨지기도 한다. 날카로운 사회 관찰을 바탕으로 당시의 시대상을 풍자한 그림으로 유명하다. 대표작으로 연작 형식으로 그려진「매춘부의 일대기」(1731),「한량의 일대기」(1733~34),「유행에 따른 결혼」(1743),「근면과 게으름」(1747) 등이 있다.

호이징가(Johan Huizinga, 1872~1945)   33, 106, 218
네덜란드 역사가. 문화사의 창시자 중 한 사람이다. 1942년 나치에게 잡혀 감금된 채로 종전 직전에 죽었다. 15세기 프랑스와 네덜란드의 생활과 사상을 밝힌 『중세의 가을』(1919)로 명성을 얻었다. 그 밖의 주요 저서로 『에라스무스』(1924), 『내일의 그림자』(1935), 『호모 루덴스』(1938) 등이 있다.

홉스(Thomas Hobbes, 1588~1679)   133
영국의 철학자. 인간이 계약을 맺어 국가를 만들고 자연권을 제한해야 한다고 주장한 그는 전제군주제를 옹호했다. 1651년 인간의 본성과 국가형성의 원리를 연구하여 출간한 『리바이어던』에 그의 사상이 잘 나타나 있다.